Margit Pieler
Günter Schicho

Aufsteigen ... in DEUTSCH 2

Texte verfassen

So schaffst du die **2. Klasse**
HS/AHS
und Neue Mittelschule

G&D

Symbolerklärung

Ü
1

Übungsaufgabe:
Die Übungen sind fortlaufend nummeriert, sodass du sie auch im Lösungsheft leicht wiederfindest. Die meisten Übungen kannst du im Buch erledigen, für einige Aufgaben ist es aber ratsam, dass du dir ein Übungsheft anlegst.

In einem solchen Kästchen findest du wichtige Kurzinformationen und leicht verständliche Erklärungen zum jeweiligen Thema.

Wichtiger Merksatz! Guter Tipp! Merk dir das gut!

Dem Buch ist ein Lösungsheft zur Selbstkontrolle beigelegt.

Die Aufnahme in den Anhang zu den Schulbuchlisten für die 2. Klasse an Hauptschulen und an allgemein bildenden höheren Schulen im Unterrichtsgegenstand Deutsch wurde vom Bundesministerium für Unterricht, Kunst und Kultur mit BMUKK-5.001/0120-Präs.8/2010 vom 24. März 2011 empfohlen.

www.ggverlag.at

Schulbuchnummer 155363

ISBN 978-3-7074-1197-3

In der aktuell gültigen Rechtschreibung

1. Auflage 2010, Nachdruck 2011 (1,01)

Illustrationen: Natasha Chalmers

Tiger auf Umschlag: Elena Obermüller

Gesamtherstellung: Imprint, Ljubljana

Inhalt

Erlebniserzählung

Wichtige Tipps

Während deiner Volksschulzeit und auch in der 1. Klasse (A)HS hast du schon einige **Erlebniserzählungen** geschrieben.
Diese Aufsatzform ist dir daher sicherlich schon gut vertraut. Du hast bereits einige Formen der Erlebniserzählungen kennen gelernt.

Die Erlebniserzählung:

- nach **Themenvorgaben** (z. B. Ein aufregendes Abenteuer)
- als **Fortsetzungsgeschichte** (Der Erzählanfang liegt vor, du musst den Aufsatz fortsetzen.)
- als **Reizwortgeschichte**
  (Vorgegebene Wörter sollen dich zum Schreiben einer Geschichte „reizen".)
- als **Bildgeschichte** (Nach einer Bildfolge erzählst du eine Geschichte.)
- als **Bilderzählung** (Nach einem Impulsbild schreibst du eine Erzählung.)

Eine Zusammenfassung mit den wichtigen Informationen, wie man eine Erlebniserzählung gelungen schreibt, findest du im folgenden Text.

Ü 1

Lies die folgenden Punkte genau durch! Markiere beim zweiten Durchlesen die wichtigsten Stichwörter! (Versuche möglichst wenig zu markieren!)

Was man beim Schreiben einer Erlebniserzählung beachten muss:

- Bevor man mit dem Schreiben beginnt, sollte man genau überlegen, was zum Thema gehört (= Themenbezug). Im Aufsatz mit dem Titel „Ferien auf dem Bauernhof" soll ein Ferienerlebnis auf dem Bauernhof erzählt werden und nicht das Kofferpacken oder die Anreise zum Ferienort (= Themenverfehlung).
- Man sollte sich eine gute Erzählidee ausdenken und darauf achten, dass man die Erzählung spannend und unterhaltend für die Leser und Leserinnen schreibt, nicht langweilig und uninteressant.
- Das Erlebnis, das in der Mitvergangenheit (Präteritum) erzählt werden muss, soll glaubwürdig dargestellt werden, das heißt, es muss nicht wirklich stattgefunden haben, aber es muss so erzählt werden, als hätte es so stattgefunden haben können. Man muss nicht wirklich ein Ferienerlebnis auf einem Bauerhof erlebt haben, um einen Erlebnisaufsatz mit dem Titel „Ferien auf dem Bauernhof" schreiben zu können.
- Bevor man mit dem Schreiben der Erzählung beginnt, sollte man eine Gliederung erstellen und sich überlegen, was vom Inhalt in die Einleitung, in den Hauptteil und in den Schlussteil gehört. Man sollte daher Stichwörter aufschreiben.

- Der Aufsatz sollte durch Absätze in Einleitung, Hauptteil und Schlussteil gegliedert werden. Einleitung und Schlussteil sollten kurz sein, den größten Teil sollte der Hauptteil mit dem Höhepunkt ausmachen.
- Die Handlung muss logisch aufgebaut und folgerichtig erzählt sein. Das heißt, es dürfen keine Ungereimtheiten und Widersprüche vorkommen. Wenn in der Erlebniserzählung der Hund am Bauernhof „Rex" heißt, darf er nicht plötzlich am Schluss „Bello" genannt werden.
- Die Geschichte sollte anschaulich und lebensnah geschrieben werden. Daher sollten nicht nur die Geschehnisse eines Erlebnisses aneinandergereiht werden, sondern es sollten auch Eindrücke, die alle fünf Sinne (Sehen, Hören, Fühlen, Riechen, Schmecken) betreffen, beschrieben werden. Daher sollte der Erzähler/die Erzählerin in einer Gruselgeschichte besonders seine/ihre Angstgefühle beschreiben.
- Bei der Titelwahl sollte man darauf achten, dass vom Inhalt nicht zu viel verraten wird, aber dass der Titel dennoch neugierig macht.
- Durch unterschiedliche Satzanfänge, durch das Vermeiden von Wortwiederholungen und durch direkte Reden wird der Aufsatz für die Leser und Leserinnen lebendiger und interessanter.
- Der Aufsatz sollte gut durchgelesen und Falsches gut leserlich ausgebessert werden.

Ü 2

Formuliere nun anhand der Informationen aus Ü1 zehn kurze Merksätze für dich! Du kannst die Merksätze selbständig formulieren und sie in dein Übungsheft schreiben, oder du kannst die folgenden lückenhaften Merksätze vervollständigen! (Hilfe beim Einsetzen geben dir die markierten Stichwörter – siehe L1!)

Was ich beim Schreiben einer Erlebniserzählung beachten sollte:

1. Ich achte auf den **Themenbezug**.
2. Ich denke mir eine ______________________ aus.
3. Ich erzähle in der ____________________ und bleibe ______________________.
4. Ich erstelle eine _________________ und schreibe daher ____________________ auf.
5. Ich gliedere den Aufsatz durch ____________________ in ______________________, ____________________________ und ____________________________________.
6. Ich baue die Handlung ____________________ und erzähle sie __________________.
7. Ich schreibe die Geschichte ____________________________________, indem ich alle ____________________ in die Beschreibung einbeziehe.
8. Ich versuche mit meiner _____________________ auf den ____________________ zu machen.
9. Ich gestalte durch ___________________________, durch ______________________ _______ und durch ____________________ den Aufsatz lebendiger und interessanter.
10. Ich lese den _____________________________ und _______________________ Falsches ____________________.

Erlebnisse spannend, lustig oder gruselig erzählen

Um zu erreichen, dass deine Geschichten spannend, lustig oder gruselig sind, musst du für deine Leserschaft vor allem **mitreißend erzählen**.
Das heißt, es ist wichtig, dass du immer vor Augen hast:
Ich schreibe für jemanden, der meinen Text liest.
Der Leser/die Leserin muss den Text nicht nur aufgrund der von dir richtig angewandten Grammatik und Rechtschreibung lesen können, sondern auch verstehen, was du mit dem Geschriebenen meinst. Vor allem aber sollen sich die **Leser und Leserinnen unterhalten**, beim Lesen Spaß haben, Spannung erleben, sich gruseln und vielleicht ein bisschen fürchten und auch über deine witzigen Pointen lächeln können.

Das erreichst du mit sieben Tricks, die du unbedingt beachten solltest:

1. Schildere **Gefühle**!
   Überlege dir: Was empfindet die erzählende/handelnde Person? Wie zeigt sich das?
   Wie fühlt sich die erzählende/handelnde Person? Wie äußert sich das?

   Beispiele:
   Ich war so erleichtert, dass ich vor Freude laut aufschreien hätte können.
   Sie fühlte, wie ihr Herz zu rasen begann und ihre zitternden Hände feucht wurden.

2. Äußere **Gedanken**!
   Was denkt die erzählende/handelnde Person gerade?

   Beispiele:
   Jakob dachte, er hätte im Vorraum eine kleine dunkle Gestalt gesehen.
   Hatte ich mich geirrt? War da nicht das Kreischen eines Kindes zu hören?

3. Füge **wörtliche Reden** ein, das macht den Text lebendiger und anschaulicher!

   Beispiel:
   „Um Himmels willen, wir werden überfallen!", wimmerte er. Ich verkroch mich im Schlafsack und merkte, wie mein ganzer Körper zitterte.

4. Baue in deine gruselige Erzählung **Stimmung machende Zeitangaben** ein!

   Beispiele:
   Mitten in der Nacht … (→ finster, alle schlafen, unheimlich)
   Die Turmuhr schlug zwölf … (→ Geisterstunde, gespenstisch, Angst)
   … im Morgengrauen, im Novembernebel, zu Halloween …

5. Verwende ausdrucksstarke **Adjektive** (Eigenschaftswörter) und variiere die **Verben** (Zeitwörter)!
   Schreibe z. B. nicht finster, finster, finster und sagen, sagen, sagen …!
   Verwende z. B. stockfinster, pechschwarz, dunkel und wispern, rufen, meinen …!

6. Mache **Vorausdeutungen** und **den Leser und die Leserin damit neugierig**!
   Kündige etwas an, verrate es erst später!

Beispiele:
Wir schlichen um das verlassene Haus und ahnten nicht, dass uns schon bald etwas Unheimliches begegnen würde.

Die abenteuerlichen Ereignisse im letzten Sommer führten dazu, dass ein Bild von mir und meinem Bruder auf der Titelseite einer bekannten Tageszeitung zu sehen war. Die unglaubliche Geschichte hatte so begonnen …

7. Baue Verzögerungen ein!
Indem du eine Handlung in „Zeitlupe“ schilderst oder sie durch hinauszögernde Einschübe etwas verlängerst, kannst du die Spannung und Unterhaltung erhöhen!

Beispiel:
Ich nickte und zeigte zitternd auf den Jutesack, der neben den Sträuchern lag. „Mein Hund lief schon den ganzen Abend nervös im Haus auf und ab und stürmte dann schnurstracks hierher. Zuerst dachte ich, er wolle noch spielen, aber er wollte mir wohl das hier zeigen!“, erklärte mir der Mann und ging Richtung Sack, aus dem die Jammergeräusche kamen. Bruno schnupperte an seiner Beute und bellte. Mutig näherte auch ich mich jetzt dem unheimlichen Sack. Langsam und vorsichtig schnürte der Mann den großen Jutesack auf und öffnete ihn behutsam. Plötzlich …

Bevor du mit dem Schreiben beginnst

Du bekommst den Auftrag, du sollst ein spannendes, lustiges oder gruseliges Erlebnis schreiben.
Entweder es fällt dir gleich ein wirkliches Erlebnis ein, oder du musst eben eines erfinden. Auch im ersten Fall musst du nicht immer bei den Tatsachen bleiben, du kannst sie verändern oder ausschmücken.
Im zweiten Fall musst du erfinderisch vorgehen. Achte aber darauf, dass deine Erzählung nicht unglaubwürdig wird! Auch wenn sie nicht wirklich passiert ist, musst du sie so erzählen, dass deine Leser und Leserinnen glauben, die Handlung sei wirklich so geschehen.

Ü 3

Die Themenvorgabe, zu der du einen spannenden Erlebnisaufsatz schreiben sollst, lautet: „Ein aufregendes Abenteuer“.

Schreibe zuerst eine **Stoffsammlung in Stichwörtern** und **gliedere** anschließend, was in die **Einleitung**, in den **Hauptteil** und in den **Schlussteil** gehören soll!

Denk daran: Entweder dir fällt eine wirklich erlebte lustige Begebenheit zum Thema ein, oder du erfindest eine lustige **glaubwürdige** Geschichte!

Stoffsammlung:

Einleitung:

Hauptteil:

Schlussteil:

Sowohl für das Finden einer zündenden Erzählidee als auch für die Stoffsammlung und die Gliederung musst du dir **ausreichend Zeit nehmen**!
Sie sind die **Grundlage** für deinen gelungenen Aufsatz.

Die gelungene Einleitung

Die Einleitung soll **zum Thema hinführen** und **wichtige Informationen** zum Verständnis der eigentlichen Geschichte im Hauptteil liefern.
Hier soll angegeben werden, **wer** die handelnden Personen sind, **wann**, **wo** und vielleicht auch **wie** sich etwas abspielt. Die Einleitung darf **nicht zu lang sein**, sie soll nicht mehr als ein Viertel des ganzen Aufsatzes ausmachen.

Ü 4

Vergleiche die beiden folgenden Beispiele, die jeweils eine Einleitung zur spannenden Erlebniserzählung „Ein aufregendes Abenteuer" darstellen!
Welche findest du besser? Begründe deine Wahl!

A

Im Herbst hatten wir einige Tage schulfrei und mein Onkel Herbert lud mich ein, diese Ferientage bei ihm und meinem Cousin Markus auf dem Land zu verbringen. Ich freute mich über die Einladung und Markus begrüßte mich gleich mit der Frage: „Hast du Lust auf ein kleines Abenteuer?" „Ja, warum nicht", meinte ich interessiert, „als Stadtkind würde ich gern einmal etwas Aufregendes erleben!" „Wir könnten mit den Fahrrädern zu einem kleinen Wäldchen fahren, dort unser Zelt aufbauen und eine Nacht in der Wildnis verbringen", schwärmte mein Cousin und seine Augen leuchteten vor Begeisterung.

(93 W.)

B

Einmal lud mich mein Onkel ein und ich erlebte mit meinem Cousin Markus ein aufregendes Abenteuer. Wir fuhren mit den Fahrrädern in einen Wald, um dort zu zelten. Aber in der Nacht entdeckte ich plötzlich etwas Unheimliches.

(37 W.)

Versuche in der **Einleitung** ausreichend **Informationen** zu geben:
Wer? Wann? Wo? Wie?
Die eigentlichen **Handlung** (Was passierte?) solltest du erst im **Hauptteil** schildern.

Der mitreißende Hauptteil

Im Hauptteil steht die **eigentliche Geschichte**. Diese baust du in einzelnen Erzählschritten auf, indem du der Reihe nach erzählst. Dort, wo es am spannendsten, am gruseligsten oder am lustigsten ist, ist der **Höhepunkt**, den du sehr genau darstellen musst.
Um möglichst große Spannung oder Unterhaltung zu erreichen, muss der Höhepunkt hinausgezögert werden. Dieses Hinauszögern erreichst du durch Darstellung in **Zeitlupe** oder auch durch genaue Schilderung von Eindrücken. Dieses **Ansteigen der Spannung/ Unterhaltung** bis zum Höhepunkt und das **Abklingen** nennt man **Spannungsbogen**.

Ü 5

Der folgende Ausschnitt ist der Haupt- und Schlussteil des Erlebnisaufsatzes „Ein aufregendes Abenteuer".
Leider wurden einige Sätze beim Abtippen des Textes ausgelassen.
Du sollst nun die unterhalb angeführten fünf Sätze richtig in den Text einordnen!

Kleine Hilfe: Setze in die leeren Kästchen im Text jeweils die Zahl des Satzes, von dem du denkst, dass er dort hingehört!

Onkel Herbert kannte den Zeltplatz im Wald und war mit unserem Vorhaben einverstanden. Wir packten Zelt, Schlafsäcke, Isoliermatten und Proviant auf die Fahrräder. Rasch verstaute ich noch eine Taschenlampe und mein Taschenmesser im Rucksack. Markus packte sein Handy ein.

Am frühen Abend fuhren wir los und schon nach 20 Minuten stoppte Markus bei einem kleinen Wiesenstück und rief erfreut: „Hier ist unser Zeltplatz!"
Gekonnt schlug Markus die Haken in den Boden und gemeinsam stellten wir das kleine Zweimannzelt auf. Unsere Fahrräder stellten wir in der Nähe des Zeltes ab.
Mit Versteckspielen, Herumtoben und Essen verging die Zeit wie im Flug.
Es war schon dunkel, als wir in unsere Schlafsäcke krochen. Müde und glücklich schlief ich ein.
Ich weiß nicht, wie spät es war, als mich einige Gelsen mit ihrem blutrünstigen Surren weckten. Schläfrig tastete ich nach der Taschenlampe, um die störenden Mücken aufzuspüren. Dabei leuchtete ich auch zum Zelteingang.
Da – zwei rote Augen funkelten mir böse von der Ferne entgegen! ☐ Nun waren die feurigen Augen wieder weg. Das unheimliche Wesen hatte sich sicherlich versteckt, als es Licht gesehen hatte. Panisch weckte ich Markus, indem ich ihn fest rüttelte. Ich brachte zuerst kein Wort heraus, schließlich stotterte ich: „Da ist etwas Unheimliches draußen, ich habe seine roten Augen gesehen!"
☐ „Um Himmels willen, wir werden überfallen!", wimmerte er.
Ich verkroch mich im Schlafsack und merkte, wie mein ganzer Körper zitterte. Das Taschenmesser hielt ich fest in der Hand. Ich hörte, wie Markus hektisch in sein Handy flüsterte. „Ich habe Vati alarmiert. Er weiß Bescheid und kommt gleich mit dem Auto!", beruhigte mich mein Cousin mit bebender Stimme.
Ich hielt die Todesangst kaum mehr aus, deshalb riss ich den Zelteingang auf und schrie mit angsterfüllter Stimme in die Nacht hinein:
„Hau ab, wir sind bewaffnet und Verstärkung ist im Anmarsch!"
☐ „Da, jetzt leuchten sie wieder auf, die beiden roten Augen!", warnte Markus

aufgeregt aus dem geöffneten Zelt heraus seinen Vater und fasste meine zittrige Hand. Onkel Herbert kroch zu uns ins Zelt und schmunzelte: „Schaut einmal her, ihr Abenteurer, und begrüßt das Waldungeheuer!“ Wir sahen die beiden Rückstrahler unserer Räder, die rot im Schein der Taschenlampe funkelten.
Schweigend saßen Markus und ich im Auto und schämten uns für unsere Feigheit. „Die Sachen werden wir morgen bei Tageslicht holen, wenn keine Waldungeheuer mehr unterwegs sind“, kicherte Onkel Herbert und parkte sich mit dem Auto vor dem Haus ein. „Fürchterlich aufregend war das Abenteuer aber schon!“, versuchte mich Markus aufzuheitern. „Ja, aber auch fürchterlich peinlich!“, erwiderte ich.

1 Mein Herz begann zu rasen und meine Hände zitterten, sodass mir die Taschenlampe aus den Fingern glitt.

2 Markus verhielt sich zuerst noch ganz ruhig, doch als auch er mit der Taschenlampe in die Dunkelheit leuchtete, sahen wir beide die rot leuchtenden Augen.

3 Er ging ein paar Schritte in die Dunkelheit und leuchtete mit seiner Taschenlampe in Richtung der Fahrräder.

4 Da mussten wir beide über uns selbst lachen.

5 Nach ein paar Minuten hörten wir Herberts Auto und bald sahen wir einen Lichtstrahl, den wir mit unserer Taschenlampe erwiderten.

Ü 6

**Unterstreiche im Aufsatz von Ü 5 die Zeilen, in denen der Spannungsbogen zu finden ist, und beschreibe, wie hier Spannung/Unterhaltung erreicht wird!
Markiere anschließend die Zeilen, in denen der Höhepunkt der Erzählung ist!**

Eine Möglichkeit, die Spannung zu steigern, ist einige Sätze im Hauptteil im Präsens (in der Gegenwart) zu schreiben. Man nennt dies auch **szenisches Präsens.**
Es soll den Leser/die Leserin unmittelbar in die Handlung hineinziehen, so als würde das Geschilderte unmittelbar jetzt (gegenwärtig) passieren.

Der originelle Schlussteil

Ein guter Schlussteil soll den Lesern und Leserinnen das Gefühl geben, dass die **Geschichte tatsächlich zu Ende** ist oder dass nichts mehr zu sagen bleibt. Zum Schluss darf nichts erzählt werden, was mit der vorangegangenen Erzählung nichts zu tun hat. Schließe mit einer **Zusammenfassung** oder einem **Ausblick** ab! Eine überraschende **Pointe** (Wende) kann für den Leser/die Leserin noch einmal Spannung oder Unterhaltung bringen.

Ü 7

Gib an, in welcher Zeile der Schlussteil in „Ein aufregendes Abenteuer" beginnt, und überlege, ob der Aufsatz mit einer Zusammenfassung oder mit einem Ausblick endet!

Ein gut gelungener Schlusssatz kann sich besonders positiv auf die gesamte Beurteilung deines Aufsatzes auswirken, denn er gibt dem Leser oder der Leserin einen letzten bleibenden Eindruck!

Möglichkeiten für gelungene Erzählschlüsse sind:

- **Vorsätze/Ausblick aussprechen**:
  Nie wieder werde ich daher ...
  Deshalb nahm ich mir vor ...
  Von diesem Tag an sah ich nie wieder so spät einen Horrorfilm an ...
- **eine Zusammenfassung geben**:
  Rückblickend kann ich sagen, dass ...
- **Bleibendes erwähnen**:
  Ich erinnere mich immer noch gerne ...
  Noch heute sitzt mir die Angst im Nacken, wenn ...
  Seitdem fällt mir immer wieder dieses Erlebnis ein ...
- **Begründung abgeben**:
  Für mich ist dieses Erlebnis deshalb so ..., weil ...

Zusätzliche Themen zum Üben:

Das war wirklich lustig!
Die Mutprobe
Ein gefährliches Abenteuer
So eine Überraschung!
Glück im Unglück!
Die gewonnene/verlorene Wette

Reizwortgeschichte

Alle vorgegebenen **Reizwörter** müssen in deiner Erlebniserzählung **sinnvoll eingebaut** werden – die Reihenfolge ist egal. Die Wörter stehen bereits in einem Zusammenhang und sollen von dir **mit einer guten Idee verbunden** werden.

Ü 8

Schreibe nun eine Stoffsammlung in Stichwörtern zu einer lustigen Erlebniserzählung und gliedere, was in die Einleitung, in den Hauptteil und in den Schlussteil gehören soll! Unterstreiche die Reizwörter in deiner Stoffsammlung! Falls du schon einen Titel für deine Erzählung hast, schreib ihn auf!

Folgende **Reizwörter** sind vorgegeben:
Pechvogel, Swimmingpool, Wasserrutsche, Rettung

Stoffsammlung: ______________________________

____

Einleitung: ______________________________

Hauptteil: ______________________________

Schlussteil: ______________________________

Titel: ______________________________

Ü 9

Vergleiche die beiden folgenden Beispiele, die Einleitungen zur lustigen Erlebniserzählung mit dem Titel „So ein Pechvogel!" darstellen! Welche findest du besser? Begründe deine Wahl!

A

Meine Familie und ich lagen gemütlich unter den schattigen Bäumen der Poolanlage unseres Ferienhotels, als ein etwa zehnjähriger, dicker, sehr hellhäutiger Junge mit großem Kopf und viel zu kurz geschnittenen Haaren auftauchte. Tollpatschig zwängte er sich durch die Liegestuhlreihen zum großen **Swimmingpool** vor und stupste dabei rücksichtslos mit seiner breiten Luftmatratze meinen schlafenden Vater und meine lesende Mutter an. (59 W.)

B

In diesem Sommer lernte ich in den Ferien einen echten **Pechvogel** kennen. Sein Name war Richard und er hatte wirklich viel Pech. Er machte zusammen mit seiner Großmutter eine Woche Urlaub. (31 W.)

Möglichkeiten für gelungene Erzählanfänge sind:

- Ankündigung des Hauptereignisses **(Vorausdeutung)**
- Beginn mit einer **wörtlichen Rede**
- Beginn **mit dem Ende** (Erzählung vom Ende her aufrollen)
- Besonderheit der Geschichte ankündigen **(Thema)**

Ü 10

Versuche weitere Möglichkeiten von Erzählanfängen, die du für die Geschichte „So ein Pechvogel!“ für passend hältst, zu schreiben!

1. Ankündigung des Hauptereignisses (→„tollpatschig“ siehe Beispiel A):

2. Beginn mit wörtlicher Rede:

3. Beginn mit dem Ende (Erzählung vom Ende her aufrollen):

4. Besonderheit der Geschichte ankündigen (Thema „So viel Pech auf einmal“):

Achtung! Nicht jede hier angeführte Möglichkeit eines Erzählanfangs eignet sich für jede Erzählung! Wenn eine Schlusspointe geplant ist, kann man die Erzählung nur schwer vom Ende her aufrollen.

Hier findest du die Fortsetzung (Haupt- und Schlussteil) des Erlebnisaufsatzes zu den Reizwörtern **Pechvogel, Swimmingpool, Wasserrutsche, Rettung**.

Ü 11

Suche die angeführten Wörter im Aufsatz und markiere sie!
Gib anschließend an, in welchen Zeilen der Spannungsbogen zu finden ist, und beschreibe, wie hier Unterhaltung erreicht wird!
Unterstreiche nun die Zeilen, in denen der Höhepunkt erzählt wird!
Was wird ganz zum Schluss der Erlebniserzählung erwähnt?

Der Junge legte die Matratze auf das Wasser und wollte mit einem Sprung auf ihr landen, doch fehlgeschlagen – die Matte segelte davon, der Bub platschte ins Wasser und spritzte einige verärgerte Badegäste an. Wasser spuckend und um Luft ringend tauchte er auf. Sogleich stürzte eine ältere, dickliche Frau an den Poolrand und rief entsetzt: „Richard, um Himmels willen, ist dir etwas passiert?“ Richard schnaubte ein Nein und umklammerte seine Luftmatratze. Ich hatte den Knaben kurz aus den Augen verloren, weil ich meiner Schwester die Sonnencreme gegeben hatte, doch Richard war nicht zu überhören.

Nun stand er auf der Wasserrutsche des Babybeckens. „Hallo, Oma!“, rief er lautstark und fuchtelte wild mit den Armen umher, sodass er kopfüber samt Geländerstange der Rutsche ins Wasser knallte. Zwei Väter, die ihre Kinder im Becken beaufsichtigten,

zogen Richard samt Stange an Land. Einer der Männer montierte danach die Geländerstange unter heftigem Schimpfen.
Nun saß Richard abgekämpft am Beckenrand unter all den Kleinkindern.
All die Augen der Hotelgäste, die den heftigen Sturz gesehen hatten, wandten sich wieder anderen Dingen zu – nur ich nicht. Der Pechvogel zog meine Blicke magisch an. „Was wird ihm noch einfallen?“, fragte ich mich.
Da hörte ich Großmutti mit laut dröhnender Stimme nach Richard schreien, so als wären sie und ihr Enkel allein da. Der Gerufene sprang auf und lief schnurstracks über die Wiese. Auf halbem Weg knickte er ein und hüpfte auf einem Bein weiter.
Ich konnte nicht erkennen, was geschehen war, doch mein kleiner Bruder wusste Bescheid. „Er ist auf eine Biene getreten. Geh niemals ohne Badepantoffel über die Wiese!“, belehrte mich der Kleine.
Als wir später zum Mittagessen marschierten, entdeckte ich den Pechvogel wieder. Er saß am Poolrand, das rechte Bein im Wasser hängend und in der rechten Hand ein großes Eis haltend. Noch bevor wir die Nachspeise gegessen hatten, hörten wir in der Ferne das Signalhorn einer Rettung. Rein aus Neugier fragte meine Mutter beim Verlassen des Speisesaals, was denn passiert sei. „Nichts Schlimmes, jemand ist am Swimmingpool gestürzt!“, erklärte die Dame an der Rezeption.
Am späteren Abend schlenderte ich durch die Hotelhalle Richtung Zimmer. Da sah ich Richard wieder. Er saß in einem bequemen Stuhl. Sein sonst so weißes Gesicht war hochrot vom Sonnenbrand, sein rechter Fuß war eingebunden und sein rechter Arm hing in einem Schultertuch. In seiner linken Hand hielt er eine Getränkedose und saugte geräuschvoll an einem Trinkhalm. Seine Großmutter stand neben ihm und unterhielt sich mit dem Hotelmanager: „Junior ist über seine Luftmatratze gestolpert, weil er ja wegen des Bienenstichs nicht gut gehen konnte. Gott sei Dank, es ist nur eine kleine Prellung am Arm. All das Unglück gleich am ersten Tag, aber wir sind ja noch eine Woche hier!“
Nun erhob sich Junior und humpelte neben seiner Oma Richtung Speisesaal.
Irgendwie tat mir der Pechvogel leid, obwohl er allen Leuten mit seiner lauten, rücksichtslosen und ungeschickten Art auf die Nerven ging.
Die Urlaubswoche hatte für Richard erst begonnen. „Was wird noch alles passieren?“, fragte ich mich wiederholt und mitten in meine Überlegungen mischte sich ein lauter Krach von zerbrechendem Geschirr.

(511 W.)

Ü 12

Gib an, mit welcher Zeile der Schlussteil im Aufsatz „So ein Pechvogel!“ (Ü 11) beginnt! Welche Möglichkeiten, den Schluss zu gestalten, wurden hier gewählt (siehe Pfote S. 11)?

Ü 13

Begründe, warum der folgende Schlussteil zur Erlebniserzählung „So ein Pechvogel!“ nicht gelungen ist!

Nun erhob sich Junior und humpelte neben seiner Oma Richtung Speisesaal.
Meine Familie und ich blieben auch noch eine Woche im Ferienhotel. Richard sah ich hin und wieder. Wenn schönes Wetter war, badeten wir im Pool, wenn es trüb war, wanderten wir. Es war ein schöner Urlaub.

(47 W.)

Zusätzliche Themen zum Üben:
Fahrradausflug – Flussufer – kleines Boot – gefährlich
Faschingsparty – Kostüm – Verwechslung
Schneeballschlacht – Fensterscheibe – Strafe
Meerschweinchen – suchen – traurig – Gemüsebeet
Ausflug – Wegabkürzung – Stier – rotes T-Shirt
Turnstunde – Pech – Unfall – Rettung

Ausdrucksübung - Die zeitliche Abfolge

Verwende unterschiedliche Wörter, um die zeitliche Abfolge des Geschehens zu erwähnen. Immer nur dann, dann, dann ... klingt eintönig und langweilig!

Ü 14

Die im Wortkasten unterhalb angeführten Wörter helfen dir die folgende Geschichte nicht nur in eine zeitliche Abfolge zu bringen, sondern auch die Handlung lebhafter zu gestalten. Streiche das Wort „dann" jeweils durch und setze in die Lücken passende Wörter aus dem Wortkasten ein! Achtung, alle angeführten Wörter müssen verwendet werden! Es gibt mehrere Möglichkeiten. Achte darauf, dass du möglichst wenige Wortwiederholungen machst und die Geschichte sinnvoll erzählt wird!

Dann __________ spielte Karina mit ihrem Kater Samuel im Garten. Samuel freute sich, denn der Herbstwind hatte viele bunte Blätter auf die Wiese geweht. Eifrig versuchte er dann __________ jedem Blatt, das vom Nussbaum fiel, nachzujagen. Karina nahm dann __________ den schweren Gartenrechen und häufte dann __________ die heruntergefallenen Blätter aus dem ganzen Garten auf einen riesengroßen Laubhaufen. Dann __________ nahm sie Anlauf und ließ sich in den Blätterberg fallen. Das war lustig.
Dann __________ nahm sie Samuel, setzte ihn auf den riesigen Berg und bestreute ihn mit bunten Blättern. Das gefiel ihrer Katze und sie schnurrte erfreut.
Dann __________ war Samuel verschwunden. Karina durchstöberte dann __________ den hohen Laubhaufen. „Samuel! Samuel!", schrie sie dann __________. War er im Blätterberg etwa erstickt?
Dann __________ hörte sie ein Maunzen hinter sich. Samuel spielte mit einer kleinen Walnuss und rollte sie vor sich hin und her.
Dann __________ war Karina erleichtert. Ihr Kater hatte nur ein neues Spielzeug gefunden und sich dann __________ aus dem Laub gemacht.

auf einmal, bald darauf, immer wieder, plötzlich, danach, gestern, jetzt, schließlich, sofort, sogleich, nun, anschließend

Fortsetzungsgeschichte

Zum bereits vorgegebenen Erzählanfang sollst du die Geschichte **fortsetzen** und möglichst **nahtlos weiterschreiben.** Dabei musst du folgende **Vorgaben berücksichtigen:** Namen, Ort, Zeit, Erzählform (Ich- oder Er/Sie-Erzählung) und den Erzählstil.

Ü 15

Schreibe nun selbst eine gruselige Fortsetzungsgeschichte, indem du den folgenden Erzählanfang fortsetzt! Finde auch einen passenden Titel für deine Geschichte!

Vorarbeit: Beantworte zuerst die Punkte 1 bis 5!

Ich erinnere mich noch genau, als ich einmal vom Kino nach Hause ging. Es war Winter und es begann schon dunkel zu werden. Ich hatte mich auch etwas verspätet, denn ich hatte mich mit meinen Freunden noch über den gruseligen Film unterhalten, den wir uns im Kino angeschaut hatten.

Kurz vor unserem Haus hörte ich ein eigenartiges Geräusch hinter den Sträuchern eines Gartenzauns. Mir war unheimlich zumute, aber da ich neugierig war, schaute ich doch vorsichtig nach und zu meinem Entsetzen ... (81 W.)

1. Unterstreiche die wichtigsten Informationen und schreibe sie auf!

   Wer? ______________________________

   Wann? ______________________________

   Wo? ______________________________

   Was? ______________________________

   Wie? ______________________________

2. Was solltest du aus der vorgegebenen Einleitung in deiner Fortsetzung unbedingt erwähnen?

   ____

   ____

3. Was soll der Hauptteil (gruseliger Höhepunkt) beinhalten? Notiere einige Stichwörter!

   ____

   ____

4. Wie soll der Schlussteil gestaltet werden? Notiere ebenfalls einige Stichwörter!

   ____

   ____

5. Gibt es eine Pointe?

____

Lies die Vorgabe (Erzählanfang) zu einer Fortsetzungsgeschichte gut durch und unterstreiche immer die wichtigsten Informationen **(Wer? Wann? Wo? Was? Wie?)**
An diese musst du dich bei deiner Fortsetzung unbedingt halten!
Achte auf besondere Merkmale im Erzählstil (= wie erzählt wird)!
Ist der Text gruselig, lustig oder spannend geschrieben?

Ü 16

Unterstreiche, welche Angaben aus der Einleitung in der Fortsetzung der Geschichte weitergeführt wurden!

... entdeckte ich einen großen, zugebundenen Jutesack, der im Gras lag. Ich fragte mich: „Wer hat hier einen Sack hingelegt und was hat der wohl in diesem Sack versteckt?“

Meine Gedanken wurden von diesem eigenartigen Geräusch, das ich schon vorher gehört hatte, gestört. Es war diesmal ein leises Jammern und Wimmern. Ich musste an den Kinofilm von heute Nachmittag denken und sah plötzlich die gruseligen Bilder des Täters vor mir. Obwohl ich kein ängstlicher Typ bin, begann mein Herz wild zu schlagen und auf meiner Stirn stand der Angstschweiß. „Was ist, wenn der Täter, der hier etwas versteckt hat, noch in der Nähe ist?“, fragte ich mich ängstlich.

In diesem Augenblick sah ich in der Dunkelheit einen Lichtschein, der sich auf mich zubewegte.

Eine Gestalt lief in meine Richtung, sie hielt eine Taschenlampe in der einen und eine Axt in der anderen Hand. Schnell duckte ich mich und versteckte mich in den Sträuchern. Meine Knie schlotterten und mein Puls raste. „Was soll ich nur machen? Ein Axtmörder ist hinter mir her!“, fantasierte ich. Regungslos kauerte ich am Boden und hörte, dass sich der Axtmörder in Riesenschritten näherte. Da vernahm ich wieder das Winseln und Jammern, es war nun lauter geworden. Hektisch suchte ich in meiner Jackentasche nach meinem Handy, doch plötzlich drückte sich eine feuchte Schnauze in mein Gesicht. Panisch schrie ich auf und wollte so schnell wie möglich fliehen. Doch der große Hund schleckte mir übers Gesicht und drückte mich sanft zu Boden.

„Bruno!“, hörte ich eine Stimme rufen. Als ich aufblickte, sah ich meinen Nachbarn Robert mit einer Taschenlampe in der einen und einem Wurfstock in der anderen Hand, begleitet von seinem Golden Retriever Bruno, vor mir stehen. Ich spürte, wie sich mein Magen entspannte und meine Hände nicht mehr zitterten.

„Angelika, was machst denn du hier?“, fragte mich Robert interessiert. Aber bevor ich noch antworten konnte, flüsterte er: „Horch einmal, hörst du auch das eigenartige Winseln und Jammern?“ Ich nickte und zeigte auf den Jutesack, der neben den Sträuchern lag. „Bruno lief schon den ganzen Abend nervös im Haus auf und ab und stürmte dann schnurstracks hierher. Zuerst dachte ich, er wolle noch spielen, aber er wollte mir wohl das hier zeigen!“, erklärte mir Robert und ging Richtung Sack, aus dem die Jammergeräusche kamen. Bruno schnupperte an seiner Beute und bellte laut.

„Braver Bruno!“, lobte mein Nachbar. Mutig näherte auch ich mich jetzt dem unheimlichen Sack. Robert schnürte ihn vorsichtig auf und zwei kleine Kätzchen krochen heraus. Sanft schmiegten sie sich an Brunos Schnauze und schnurrten vor Freude über ihre Befreiung. „Na so was“, lächelte ich erleichtert, „euch hat wohl jemand loswerden wollen!“ „Der hat nicht mit so mutigen Rettern gerechnet!“, meinte Robert stolz.

Ich spazierte erleichtert unsere Hauseinfahrt hinauf. Robert erfuhr nie etwas von meiner Gruselgeschichte, denn dann hätte ich ihm ja erzählen müssen, dass ich ihn für einen Axtmörder gehalten hatte! (475 W.)

Ü 17

Welchen Titel hältst du für passend? Begründe deine Entscheidung!

1. Der gefährliche Axtmörder
2. Die Kätzchen im Sack
3. Ein gruseliges Erlebnis

Wie schreibe ich „echt gruselig“?

Wovor – glaubst du – kann man sich fürchten?

Angst können **reale, also wirkliche Bedrohungen** machen, wie z. B. Angst vor Einbrechern, Angst vor Dunkelheit und vor dem Alleinsein, Angst vor (wilden) Tieren, Angst vor Unbekanntem, Ungewissem, Angst vor unangenehmen Situationen (z. B. Prüfung) und Angst vor Bewältigung einer Situation (z. B. Mutprobe).

Angst können **irreale, also in der Wirklichkeit nicht existierende Bedrohungen** machen, wie z. B. erfundene Horrorfiguren aus Filmen und Büchern (Dracula, Frankenstein, Monster, Ungeheuer, Vampire, Riesenkillerspinnen …), Gespenster, Hexen und Geister.

Unserer Fantasie ist hier keine Grenze gesetzt!
Ob ein realer oder ein irrealer Grund für einen Angstzustand vorliegt, macht zwar einen großen Unterschied für die Angstbewältigung, aber die körperlichen Auswirkungen, die die Angst verursachen kann, und wie man sich dabei fühlt, sind meistens gleich.

Ü 18

Wie glaubst du, kann der menschliche Körper reagieren, wenn er im Angstzustand ist? Schreibe in die freien Zeilen neben das ängstliche Kind, welcher körperliche Zustand vorliegt! Hilfreiche Beschreibungen findest du im Lösungsheft!

Ü 19

Hier findest du eine Auflistung von Geräuschen, die Angst machen können. Ordne die Geräusche in die richtige Spalte ein! Hake die Wörter ab, wenn du sie eingetragen hast!

Pfeifen des Windes✓, Knarren/Knacksen des Holzbodens, Jaulen von Katzen, Brummen eines Motors, Rauschen der Blätter, Heulen von Füchsen/Wölfen, Ruf einer Eule, Scharren von Tieren, Knarren von Türen/Toren, Klopfen von Fensterläden, Ticken der Uhr, Flügelschläge von Fledermäusen, Klopfen und Knarren der Äste, Prasseln von Regen, Kreischen von Vögeln, Quietschen von Fensterflügeln, Tropfen des Wasserhahns, Surren von Insekten, Donnergrollen (Gewitter), Widerhall (Echo), Bellen von Hunden, Klopfen und Pfeifen der Heizungsrohre

Geräusche, die von Tieren gemacht werden	Geräusche verursacht durch Wettereinflüsse (Wind, Sturm, Regen …)	Geräusche, die von Dingen ausgehen
	Pfeifen des Windes	

Ü 20

Was macht jemand, wenn er sich fürchtet oder aufgeregt ist?
Vervollständige die Sätze, indem du eine Linie zum richtigen Wort in die 2. Spalte ziehst!

1. Immer wenn Brigitte nervös und aufgeregt ist, kaut sie an ihren … .	Zähnen
2. Vor Angst klappert Oliver mit seinen … .	Stirn
3. Michaela steht der Angstschweiß auf der … .	stottern
4. Wenn Max aufgeregt ist, beginnt er zu …, sodass wir ihn kaum verstehen.	Fingernägeln
5. Vor Angst hielt Veronika den … an.	Augen
6. Wenn kleine Kinder sich fürchten, schließen sie manchmal die … .	Atem
7. In ihrer Panik war Gerlinde wie … vor Angst.	schrie
8. Die Angst war so groß, dass ich laut um Hilfe … .	Beine
9. In seiner fürchterlichen Angst lief Peter, so schnell ihn seine … trugen, ins Haus.	verkroch
10. Franziska fürchtete sich so sehr, dass sie sich in den hintersten Winkel … .	Gesicht
11. Die Tränen rannen ihr über die Wangen und ihre Hände … .	gelähmt
12. Andreas kauerte mit bleichem … unter dem Tisch.	zitterten

Ü 21

Spiel mit! Suche zu jedem Buchstaben des Alphabets einen gelungenen Anfangssatz für eine gruselige Geschichte! Schwierige Buchstaben wie C, Q, X, Y kannst du ruhig auslassen!

An einem nebeligen Herbsttag spazierte ich die Kastanienallee entlang, da …

Bevor ich meine gruselige Geschichte erzähle, möchte ich noch …

Zusätzliche Themen zum Üben:
Das ABC-Spiel kannst du auch mit anderen Themenstellungen ausprobieren. Versuche Aufsatzanfänge zu einer **Fantasiegeschichte** oder zu einem **lustigen** oder **spannenden Erlebnis** zu finden!

Nicht alle Satzanfänge bei dieser Übung werden gleich gut gelungen sein, doch du lernst dabei, dass ein Satzanfang nicht immer eintönig beginnen muss und dass man mit Sprache auch sehr kreativ umgehen kann.

Ü 22

Suche aus den drei Beispielen den am besten gelungenen Aufsatzanfang zu der gruseligen Geschichte „Wandertag mit gruseligem Zwischenfall" aus! Begründe deine Entscheidung!

A

Am letzten Wandertag passierte uns etwas Gruseliges. Mein Freund Klaus und ich wollten uns vor den anderen unserer Klasse verstecken und fanden dabei ein gruseliges Versteck, eine alte verlassene Hütte.

B

Immer wieder erinnere ich mich an dieses gruselige Erlebnis vom letzten Schulwandertag. Noch heute bekomme ich Gänsehaut, wenn ich an die Schrecksekunden, die mein Freund Klaus und ich durchlebten, denke. Als unsere Klasse ermattet vom dreistündigen Gehen bei einer Waldlichtung Rast machte, wollten wir Verstecken spielen. Mein Freund und ich fanden eine alte, verlassene Hütte und …

C

An einem schönen Tag machten wir einen Wandertag. Lange wanderten wir durch einen Wald, bis wir endlich Rast machten. Wir wollten Verstecken spielen und erlebten etwas Schreckliches, denn wir wollten uns in einer alten, verlassenen Hütte verstecken. …

Unterschiedliche Satzanfänge

Versuche möglichst **unterschiedliche Satzanfänge** in deinem Aufsatz zu schreiben! Dies erreichst du, indem du die Sätze nicht immer mit dem Subjekt beginnst, sondern z. B. mit einer **Ergänzung** anfängst.

Ich ging allein in den finsteren Wald. (Beginn mit **Subjekt**)
Allein ging ich in den finsteren Wald. (Beginn mit **Artergänzung** – Wie?)
In den finsteren Wald ging ich allein. (Beginn mit **Ortergänzung** – Wo? Wohin?)

Ü 23

In jedem der folgenden Sätze findest du Ergänzungen, mit denen du die Sätze auch beginnen kannst. Setze sie jeweils an den Satzanfang! Orientiere dich an obigen Beispielsätzen!

1. Ich rannte blitzschnell die enge Gasse hinunter.

2. Der wilde Hund knurrte mich böse an.

3. Mein Freund verteidigte mutig seinen Rucksack.

4. Der Flüchtende erreichte atemlos das Gartentor.

5. Martin erzählte aufgeregt von der vergangenen Nacht.

6. Natalie versteckte sich ängstlich in ihrem Schlafsack.

7. Ich schaute besorgt auf die Uhr.

8. Der Wind hatte den Vorhang leicht bewegt.

9. Wir hörten laut die Kirchturmuhr schlagen.

10. Mein Hund rannte nervös im Zimmer hin und her.

Ü 24

Unterstreiche in Ü 23 alle Wie-Ergänzungen (Artergänzungen)!
Mit welcher Wortart wird diese Ergänzung gebildet?

Ü 25

Versuche nun die Fortsetzung des Aufsatzes „Wandertag mit gruseligem Zwischenfall" im Ausdruck zu verbessern, indem du die Satzanfänge unterschiedlich gestaltest!
Beginne die Sätze öfters mit Ergänzungen!

… wollten sie als tolles Versteck nützen. Diese halbverfallene Holzhütte stand mitten im Wald. Wir näherten uns ihr neugierig und Klaus öffnete zaghaft die Eingangstür. Wir betraten aufgeregt den geheimnisvollen Raum. Die Tür fiel mit einem lauten Knall ins Schloss. Ich rüttelte wild an der rostigen Türschnalle, doch sie ließ sich nicht mehr bewegen. Wir standen regungslos im Dunklen, nur einige dünne Lichtstrahlen drangen durch die Bretterwände. Mein Freund Klaus flüsterte leise: „Lisa, was sollen wir jetzt bloß machen?" Ich gab ihm ängstlich meine Hand. Wir hörten plötzlich ein lautes Fauchen. Ein schwarzes Ding bewegte sich blitzschnell auf uns zu. …

Ü 26

Versuche nun die Geschichte fortzusetzen und gehe auf die Angstzustände und Gefühle der Kinder näher ein (siehe Ü 18)!
Überlege dir auch, was das „schwarze Ding" sein könnte, von dem erzählt wird, und wie die Kinder es schaffen könnten, aus der Hütte zu kommen (= Hauptteil + Höhepunkt)! Warte mit dem Verfassen des Schlussteils noch etwas!

Mein Herz pochte wie wild und meine Knie schlotterten vor Angst. Fest drückte Klaus meine feuchten Hände und zog mich zu Boden. Ich schrie laut auf, presste dabei die Augen zu und duckte mich. Mit wildem Gekreische flog etwas über unsere Köpfe hinweg. „Hilfe, ein Vampir!", würgte ich mit letzter Kraft hervor, ich hatte Todesangst. Klaus traute sich als Erster aufzublicken und flüsterte mit zittriger Stimme: „Nein, es ist eine kleine Fledermaus! Sie hat sicherlich mehr Angst vor uns als wir vor ihr!" Vertrauensvoll sah ich nach oben und entdeckte im schwachen Licht, dass auf den Balken des Dachstuhls einige schwarze Fledermäuse zu sehen waren. Langsam merkte ich, dass sich mein Herzschlag wieder normalisierte, aber der Schrecken steckte mir immer noch in den Gliedern. „Wie sollen wir hier wieder herauskommen?", fragte ich mich und schaute nachdenklich zu Klaus. „Irgendwie müssen ja die Fledermäuse hier hereingekommen sein und …", plauderte mein Freund vor sich hin. „Und dort müssen wir hinauskommen können!", ergänzte ich stolz Vorsichtig tasteten wir uns in der düsteren Hütte vor und entdeckten, dass einige Bretter und Stöcke ein kleines Fenster abdeckten. Schnell schoben wir die staubigen Hölzer beiseite und zwängten uns mühevoll durch die kleine Fensterluke hinaus ins Freie.

Ü 27

Unterstreiche im obigen Aufsatzausschnitt die Stellen, in denen Angst beschrieben wird bzw. Angstgefühle und Angstzustände dargestellt werden!

Ü 28

Versuche nun einen gelungenen Schlussteil zur Geschichte „Wandertag mit gruseligem Zwischenfall" zu verfassen! Überlege dir: Die beiden Kinder können die Hütte verlassen! Wie schauen sie/schaut ihre Kleidung aus? Was sagen sie zu den anderen? Wollen sie von ihrer Angst erzählen oder wollen sie ihre Gefühle verheimlichen? Haben die beiden Kinder noch Lust aufs Versteckenspielen? Überlege dir eventuell auch eine gelungene Pointe (Wende) am Schluss!

Staubig und voll mit Spinnweben erreichten wir unsere Gruppe, die uns noch gar nicht vermisst hatte. „Wollen wir Verstecken spielen?", fragte Wolfgang ahnungslos, „das könnte hier im Wald schön gruselig sein!"
„Nein danke, ich setze mich lieber in den schattigen Wald und genieße die Ruhe!", entgegnete ich ihm und putzte die letzten Spinnweben von meinem Pulli. „Immer diese ängstlichen Mädchen", lästerte er zurück. „Denkst du vielleicht, es gibt hier Gespenster oder Vampire? Also, ich fürchte mich da vor nichts und niemandem!", prahlte Wolfgang lautstark.
„Komm, Wolfi, ich zeig dir ein wirklich cooles Versteck, geh nur voraus, dort vorne ist eine alte Hütte ...!", flüsterte ihm Klaus zu und ich sah, wie er mir schadenfroh zuzwinkerte.

Ü 29

Unterstreiche die Pointe im Schlussteil! Warum will Klaus den lästernden und prahlenden Wolfgang zur Hütte führen? Warum zwinkert er Lisa schadenfroh zu?

Nicht nur wenn es um unterschiedliche Satzanfänge geht, ist die **Verwendung von Adjektiven** (Eigenschaftswörtern) angebracht, sondern auch dann, wenn Geschichten besonders schaurig sein sollen.

Ü 30

Setze die angeführten Adjektive in die passenden Lücken im folgenden Text! Jedes Adjektiv soll verwendet werden. Mehrere Möglichkeiten sind gegeben.

Ohne diese „schaurigen" Adjektive ist die Geschichte nur halb so spannend.

gruseligen, unheimlich, dunklen, gespenstisch, leise, schaurig, ängstlich, schwaches, finsteren

Als wir mit unserer Jugendgruppe auf Ferienlager waren, machten wir am letzten Tag eine Nachtwanderung. Dabei verlief ich mich mit Mona und Anna im __________ Wald. Wir hörten es __________ knacksen und eine Eule __________ rufen, so wie in einem __________ Horrorfilm. Füchse heulten, kleine Tiere raschelten __________ im Gebüsch. Anna leuchtete __________ mit der Taschenlampe umher. Wir merkten, dass sich Nebelschwaden __________ durch den __________ Wald zogen. Da sahen wir plötzlich ein __________ Lichtlein schimmern. Wir hatten die anderen endlich gefunden.

Zusätzliche Themen zum Üben:
Schreibe nun selbst eine gruselige Geschichte!
Setze einen der folgenden Erzählanfänge fort und finde auch einen passenden Titel für deine Geschichte!
Erstelle vor dem Niederschreiben der Gruselgeschichte eine Gliederung!

Mitternacht. Von weitem hörten sie die Turmuhr zwölf Uhr schlagen. Endlich hatten die beiden Freundinnen Tamara und Leonie die Lichtung im Wald erreicht. Vor ihnen lag im Schein des Vollmonds die alte, verlassene Villa, die sie wegen der vereinbarten Mutprobe betreten sollten. Ihre Freunde wollten sie vom Wald aus beobachten.
„Komm, lass uns hineingehen!“, drängte Tamara ihre Freundin.
„Ich weiß nicht, irgendwie ist es mir zu unheimlich um diese Zeit!“, antwortete Leonie unsicher. Gerade als sie die Eingangstür öffnen wollten, ...

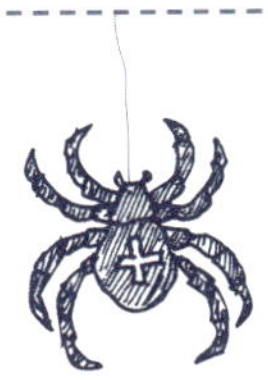

Mitternacht. Von weitem hörten sie die Turmuhr zwölf Uhr schlagen. Endlich hatten die beiden Freunde Georg und Stefan die Lichtung im Wald erreicht. Vor ihnen lag im Schein des Vollmonds die alte, verlassene Villa, die sie wegen der vereinbarten Mutprobe betreten sollten. Ihre Freunde wollten sie vom Wald aus beobachten.
„Komm, lass uns hineingehen!“, drängte Georg seinen Freund.
„Ich weiß nicht, irgendwie ist es mir zu unheimlich um diese Zeit!“, antwortete Stefan unsicher. Gerade als sie die Eingangstür öffnen wollten, ...

Noch heute denke ich manchmal an jenen Abend zurück, an dem ich Todesangst hatte. Meine Eltern waren ins Theater gegangen und hatten mir erlaubt, vor dem Einschlafen noch ein wenig zu lesen oder am Computer zu spielen. Ich schaltete aber den Fernseher ein und sah mir einen Krimi an. Nach Ende des Films beschloss ich, schlafen zu gehen, als ich plötzlich im Vorraum ein merkwürdiges Geräusch hörte. ...

„Fürchterliche" Wörter: Tod – tot – töten

Das Nomen „Tod" wird häufig mit anderen Wörtern zusammengesetzt.

- **Tod/Todes** + Nomen:

  Tod ist meist Grundwort.
  Beispiel: der Herz**tod**

  Todes ist meist Bestimmungswort.
  Beispiel: die **Todes**ursache

- **Tod** + Adjektiv:
  Zusammengesetzte Adjektive werden in der Regel nur mit „tod" gebildet.
  Meist dient es als Verstärkung eines Ausdrucks mit der Bedeutung „äußerst, sehr".
  Beispiel: todkrank – sehr krank, äußerst krank
  Ausnahmen: **toten**bleich, **toten**blass, **toten**still

- **„tödlich"** ist eine Ableitung von **„Tod"**
  Beispiel: ein **tödlicher** Unfall, **tödlich** verunglücken

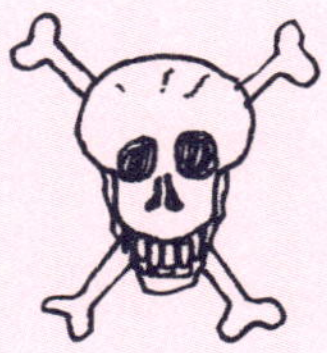

Das Adjektiv „tot", das Nomen „der/die Tote", das Verb „töten":

- **„tot"** wird häufig **als Beifügung** zu einem Nomen verwendet.
  Beispiele für „tot" in wörtlicher Bedeutung: der tote Mann, das tote Tier

- **„tot"** wird **mit Verben** zusammengesetzt.
  Beispiele: sich tot stellen, tot umfallen, sich totärgern (Zusammenschreibung!)

- Es gibt viele **zusammengesetzte Nomen** mit dem Bestimmungswort **„Toten"**.
  Beispiele: das **Toten**hemd (= das Hemd des Toten), das **Toten**bett (= das Bett des Toten)

Ü 31

Ergänze die fehlenden Buchstaben: d oder t!

1. Er trank die tö___liche Giftmischung und fiel to___ um.
2. Die Ärzte wollten die To___kranke noch heute operieren.
3. Die Katze flüchtete vor ihrem To___feind, unserem Nachbarhund.
4. Als er die To___esmeldung im Radio hörte, wurde er to___enblass.
5. Während alle anderen Kinder sich to___lachten, saß Leo mit to___ernster Miene da.
6. Sie hatte To___esängste, als sie wegen der Mutprobe in den Wald gehen musste.
7. Im Wald war es plötzlich to___enstill.
8. Sie hielten die Abmachung für eine to___sichere Sache.
9. Noch heute gibt es den Brauch der To___enwache.
10. Er wurde to___enbleich, als er die funkelnd roten Augen sah.
11. Die To___esursache konnte nicht mehr festgestellt werden.
12. Nach dem heftigen Knall herrschte To___enstille.
13. „Mord und To___schlag!“, schrie der Angreifer.
14. Ernst schaute to___unglücklich drein.
15. Sie zeichneten einen To___enkopf an die Tür der Waldhütte.
16. Todmüde legte der To___engräber seine Schaufel aus der Hand.
17. Die kleine Fliege hatte ihren To___eskampf im Netz der To___enkopfspinne aufgegeben.
18. Das tö___liche Gift dieser Viper lähmt jeden Muskel,
    sodass das Opfer sofort mauseto___ ist.
19. Sie glaubten, ein to___sicheres Versteck gefunden zu haben, doch ihr To___feind fand es.

Ü 32

Das Grusel-ABC
Erstelle ein Grusel-ABC und finde zu jedem angeführten Buchstaben ein Wort, das in einer Gruselgeschichte stehen könnte!

A … Angsthase, ängstlich, Alien

B … Burgverlies, blutrünstig

C . . . ________________

D . . . ________________

E . . . ________________

F . . . ________________

G . . . ________________

H . . . ________________

I . . . ________________

J . . . ________________

K . . . ________________

L . . . ________________

M . . . ________________

N . . . ________________

O . . . ________________

P . . . ________________

Q . . . ________________

R . . . ________________

S . . . ________________

T . . . ________________

U . . . ________________

V . . . ________________

W . . . ________________

X . . . ________________

Y . . . ________________

Z . . . ________________

Kleine gruselige Diktatübung gefällig?
Die in L 32 angeführten Wörter kannst du dir auch von jemandem ansagen lassen!

Erzählkern ausgestalten

Erzählkerne sind knappe, aussagekräftige Berichte, die das Gerüst für den Handlungsverlauf deiner Erlebniserzählung darstellen. Die **Vorgaben** wie Personen, Ort, Zeit und Handlungshinweise musst du **genau beachten**, du kannst aber die Handlung mit eigenen Ideen erweitern. Die **Erzählform** (Ich-, Er/Sie-Erzähler oder allwissender Erzähler) kann von dir **frei gewählt** werden.

Gehe bei der Erzählkern-Ausgestaltung wie folgt vor:

1. Lies den Text des Erzählkerns genau durch und unterstreiche die Vorgaben!
2. Schreib anschließend die Fakten, die der Erzählkern enthält, in Stichwörtern heraus!
3. Entscheide dich für eine Erzählform (Ich-, Er/Sie-Erzähler, allwissender Erzähler)!
4. Überlege dir eine Erzählung mit passendem Schluss, falls im Erzählkern keiner enthalten ist! (Stichwörter)

Ü 33

Folgender Erzählkern soll zu einer Erlebniserzählung ausgeformt werden! Bearbeite die oben angeführten Punkte 1 bis 4 zum folgenden Erzählkern!

Böse Überraschung am Campingplatz

Am Campingplatz am Wolfgangsee erlebten die Camper eine böse Überraschung. Nach dem Ausbruch eines Gewittersturms und nach stundenlangem Regen wurde der Zeltplatz überschwemmt. Viele Urlauber wurden vom Gewitter überrascht und mussten zusehen, wie ihre Zelte und ihre Campingausrüstung davongespült wurden.
Verletzt wurde niemand, aber der Sachschaden war groß.

Versuche dich beim Schildern einer Situation (z. B. Gefahr durch Gewittersturm) in die Situation der Betroffenen zu versetzen und überlege, wie sie reagieren könnten! Beschreibe ihre Gefühle und Gedanken!

Ü 34

Nachdem du die Vorarbeit zur Erzählkern-Ausstattung geleistet hast, schreibe nun die Einleitung zur Erlebniserzählung mit dem Titel „Böse Überraschung am Campingplatz"! Versuche mit dem Ende der Erzählung zu beginnen!

Ü 35

Unterstreiche in der Einleitung die Vorgaben, die aus dem Erzählkern übernommen wurden! Markiere die neuen Ideen, die eingebracht wurden!

Böse Überraschung am Campingplatz

Völlig durchnässt und abgekämpft saß Familie Sielmann endlich im Auto.
Hätte der Vater dem alten Kapitän Glauben geschenkt, hätte seine Familie nicht die letzte schreckliche Stunde erleben müssen.
Vater Horst, Mutter Claudia und ihre Kinder Veronika und Timmi wollten eine schöne Urlaubswoche am Wolfgangsee verbringen und am Campingplatz im Zelt schlafen, aber sie erfuhren eine böse Überraschung, denn ihr Urlaub nahm ein plötzliches Ende.

(64 W.)

Ü 36

Schreibe nun Hauptteil und Schluss der Erzählung!
Achte besonders auf den Spannungsbogen!

Ü 37

Unterstreiche die Sätze, die den Spannungsbogen bilden!
Gib an, wo der Höhepunkt der Erzählung zu finden ist!
Findest du den 1. Satz der Einleitung (siehe Ü 35) im Schlussteil wieder? Markiere ihn?

Am Vormittag noch knallte die Sonne vom Himmel und die Kinder wollten unbedingt zum See. Vergnügt packte die Mutter die Badesachen ein und der Vater holte den Picknickkorb aus dem Zelt. Es sollte ein herrlicher Badetag werden. „Vielleicht machen wir sogar eine Bootsfahrt", deutete der Vater an, „und schauen uns die schöne Gegend vom Schiff aus an!"

Das wollten sich die Kinder nicht entgehen lassen und redeten den ganzen Weg zum See von nichts anderem.

„Gut, lasst uns zuerst eine kleine Bootsfahrt unternehmen und anschließend schwimmen gehen!", schlug Mutter vor. Alle waren von der Idee begeistert. Schnell war die Familie am Bootsanlegeplatz und da wegen der Hitze kaum Fahrgäste warteten, konnte die Familie sofort ins nächste Boot einsteigen.

Der Fahrtwind war angenehm und die Aussicht herrlich. Veronika fotografierte und Timmi guckte durch sein Fernglas. „Na, schon Piraten gesichtet, junger Mann?", brummte eine freundliche Stimme. Es war der alte Kapitän und Besitzer des kleinen Bootsunternehmens. „Schaut nicht gut aus, was sich da zusammenbraut!", meinte er und zeigte gegen den Himmel. Vater Herbert schaute verdutzt: „Was meinen Sie? Das Wetter ist doch herrlich!"

Der alte Mann machte ein finsteres Gesicht und seine Stimme wurde ernst und streng: „Wenn solche dunklen Wolken so schnell vom Westen herziehen, bringt der Wind nichts Gutes. Glauben Sie mir, es kommt ein schlimmes Unwetter, heute Nacht oder spätestens morgen in der Früh!"

Mein Vater lächelte und der Alte ging wieder in die Steuerkabine.

„Alter Spinner!", flüsterte Herbert seiner Frau zu und tippte sich auf die Stirn.

Den Kindern war nach dieser Warnung die Lust am Bootsfahren ein bisschen vergangen und sogar Mutter überlegte, ob da etwas Wahres an der Warnung des alten Kapitäns dran sei.

„Papperlapapp, wir gehen jetzt ins Seebad! Ich freue mich schon auf die Abkühlung!", rief der Vater beim Aussteigen.

Am Abend kehrte die Familie müde zum Campingplatz zurück. Alle wollten nur mehr ins Zelt und sich in den Schlafsack rollen. Der Wind war etwas stärker und kühler geworden. „Vielleicht kommt doch ein kleiner Regenguss!", meinte der Vater und verschloss den Zelteingang.

Dann ging alles sehr schnell. Als die Kinder aufwachten, fegte bereits ein heftiger Sturm über die Zelte und ein Angst einflößendes Donnergrollen war zu hören.

Vater und Mutter waren bereits vor dem Zelt und versuchten im Morgengrauen die verwehten Campingsachen zusammenzusuchen.

Plötzlich riss ein heftiger Windstoß das Zelt aus den Haken und wehte es gegen den nächsten Baum. Die Kinder schrien auf. Veronika fühlte, wie die Angst in ihr

hochkroch. Timmi umklammerte seine Schwester und zitterte am ganzen Leib. Regen prasselte auf sie nieder. Jetzt erst bemerkten sie, dass der Boden, auf dem sie lagen, schon ganz nass und schlammig war. „Schnell, packt eure Sachen, wir müssen hier weg!“, rief Mutter panisch. „Zum Packen ist keine Zeit mehr! Wir müssen sofort zum Auto!“, befahl der Vater.
Riesige Wassermassen stürzten über die Camper herein. Panik machte sich breit. Die Urlauber rannten halbbekleidet und hektisch umher. Der Sturm wirbelte Zelte und Stühle, Liegen und Tische durch die Luft. Die Familie hielt sich an den Händen und kämpfte sich zum Auto durch. Völlig durchnässt und abgekämpft saß Familie Sielmann endlich im Auto. Sie war in Sicherheit und fuhr geschockt und traurig nach Hause.
Am nächsten Tag telefonierte der Vater Herbert mit der Campingplatzleitung und erfuhr Einzelheiten des Unglücks. Es gab keine Verletzten, aber der Sachschaden war groß. „Da sind wir noch einmal mit einem blauen Auge davongekommen“, meinte der Vater und dachte im Stillen an die Worte des alten Kapitäns. (575 W.)

Zusätzliche Themen zum Üben:

Folgende Erzählkerne sollen jeweils zu einer Erlebniserzählung ausgeformt werden! Gehe wie im vorherigen Kapitel beschrieben vor und leiste genaue Vorarbeit!

Ein dummer Streich
Ein Schüler des Gymnasiums Sonnenfelsgasse in Neustadt löste gestern Vormittag einen Feueralarm aus, weil er die Mathematikschularbeit nicht schreiben wollte. Zwei Feuerwehrmannschaften kamen mit drei Einsatzwägen zur Schule. 800 Schüler mussten wegen des Alarms rasch die Schule verlassen und zwei Stunden auf die Freigabe durch die Feuerwehrleute warten. Jeder Raum wurde auf Brandherde überprüft, im Chemie- und Physiksaal musste man Explosionsgefahr ausschließen. Der Schüler, der den dummen Streich gespielt hatte, wurde ausfindig gemacht. Seine Eltern müssen mit einer Geldstrafe von 2 000 € rechnen.

Ein bösartiger Streich
Zwei Schülerinnen der Hauptschule Ackermannstraße in St. Florian fühlten sich von ihrer Deutschlehrerin ungerecht behandelt. Sie spielten ihr einen bösen Streich, indem sie das Fahrrad der Lehrerin in den nahen Springbrunnen in der Innenstadt stellten. Passanten beobachteten den Tathergang und machten Meldung bei der Polizei. Die beiden Mädchen konnten ausfindig gemacht werden. Die Lehrerin nahm von einer Anzeige Abstand. Es fand ein klärendes Gespräch zwischen den Schülerinnen und ihr statt. Dennoch müssen die beiden Jugendlichen mit disziplinären Maßnahmen seitens der Schule rechnen.

„Schachtelsätze“ vermeiden

Wenn Sätze zu lang sind, sind sie oft ziemlich schwer zu verstehen. Meist finden sich vermeidbare Wortwiederholungen, unwesentliche Details für die Handlung oder umständliche Umschreibungen in diesen langen Sätzen. Man bezeichnet solche unpassenden Sätze auch als „Schachtelsätze“.

Ü 38

Was gefällt dir an folgenden Sätzen nicht?

Als die Kinder aufwachten, fegte bereits ein heftiger Sturm, der wegen des Gewitters herrschte, über die Zelte und ein Angst einflößendes Donnergrollen war zu hören und Vater und Mutter waren bereits am Campingplatz vor dem Zelt und versuchten im Morgengrauen die verwehten Campingstühle, die Liegen, den Tisch und das Tischtuch zusammenzusuchen. Plötzlich riss ein heftiger Windstoß, der durch das Gewitter aufgekommen war, das Zelt aus den Haken und wehte das Zelt gegen den nächsten Baum, der ganz in der Nähe stand, sodass die Kinder laut aufschrien.

Versuche lange und komplizierte Sätze zu vermeiden!
Vermeide Wortwiederholungen, umständliche Umschreibungen und unwesentliche Details! Bilde mit direkten Reden einen eigenen Satz oder verwandle direkte Reden in indirekte! Vereinfache die Aussage, indem du Unwichtiges weglässt!

Ü 39

Mach jeweils zwei oder drei verständliche Sätze aus einem „Schachtelsatz“!
Unterstreiche zuerst alle Wortwiederholungen und versuche diese zu vermeiden!
Bilde mit direkten Reden einen eigenen Satz oder verwandle direkte Reden in indirekte!
Vermeide umständliche Umschreibungen und vereinfache die Aussage!
Lass Unwichtiges weg!

1. Doch bald verlor Felix den Dieb im Gewühl des Kaufhauses aus den Augen und rannte zum nächsten Verkäufer des Kaufhauses und meldete aufgeregt: „Mir wurde von einem Dieb Geld gestohlen!“, und der Verkäufer nahm sofort sein Handy und rief die Polizei an.

2. Doris hatte ihr Glücksmaskottchen, ein kleines Stoffschweinchen, irgendwo liegengelassen oder sogar verloren und suchte es schon im ganzen Haus, denn morgen bei der Schularbeit musste das Glücksmaskottchen ihr beistehen, auch ihre Mutter hatte sie schon gefragt, aber die wusste auch nichts, so fuhr Doris am Nachmittag nochmals in die Schule und fand das Glücksmaskottchen, Gott sei Dank, in ihrem Bankfach.

3. Unser Kater Murli jagte vor einigen Tagen im Wohnzimmer ein paar Fliegen, dabei riss Kater Murli den Vorhang im Wohnzimmer von der Stange, zerbrach eine wertvolle Porzellanfigur und fegte ein kleines Keramikbildchen von der Wand und als meine Mutter die riesige Bescherung im Wohnzimmer und unseren Kater in dieser Bescherung sah, warf Mutter zornig ihren Holzpantoffel nach Murli und traf die Glasscheibe der Terrassentür, die leider nicht offen stand und zu Bruch ging, daraufhin wurde Murli an Oma verschenkt, und Mutter sagte zu ihr: „Liebe Oma, hier ist unser Murli, dass du nicht so einsam bist!“

Bilderzählung

Das vorgegebene Bild soll dich zu einer **Erlebniserzählung** anregen.
An einer **beliebigen Stelle** in deiner Geschichte muss dieses Bild vorkommen.
Einzelheiten wie Namen, Ort, Zeit, weitere Umstände, Vorgeschichte und vieles mehr sollen durch dich gefunden werden.
Eine Bilderzählung ist **keine Bildbeschreibung**. Du musst um das Bild herum eine lustige, spannende, gruselige, interessante Geschichte erzählen.

Leiste folgende Vorarbeit vor dem Verfassen der Bilderzählung:

1. Schau dir das Bild genau an, und notiere dir Einzelheiten!
2. Überlege dir, was vorher und nachher stattgefunden haben könnte!
3. Formuliere in einem Satz, worum es hier geht! (Thema?)
4. Lege dich auf eine Erzählform fest (Ich-oder Er-/Sie-Erzählung, allwissender Erzähler)!
5. Mach eine Gliederung!
6. Falls kein Titel vorgegeben ist, suche einen passenden!

Ü 40

Erledige zum unterhalb gezeigten Bild die Vorarbeit zu einer Bilderzählung!

Wichtig ist, dass du auch Einzelheiten im Bild erkennst und dir diese gut anschaust.
So erkennst du leichter, um welche Thematik (welches Thema) es geht.
Erfasse aber auch die Gesamtsituation, sonst besteht die Gefahr einer Themenverfehlung!

Ü 41

Schreibe nun eine Bilderzählung zu deiner Stoffsammlung und Gliederung und gib deiner Geschichte zum Schluss einen Titel!
Erzähle den Höhepunkt genau – „in Zeitlupe“ – und achte auf den Spannungsaufbau!

Ü 42

In der vorliegenden Bilderzählung „Alles für die Katz!“ finden sich viele Wortwiederholungen von „sagen“. Finde jeweils andere passende Zeitwörter, die du anstelle von „sagen“ schreiben kannst, und setze sie in die freie Spalte ein!
Hilfe findest du im Wortkasten, der sich im Anschluss an die Erzählung befindet!

Alles für die Katz!

„Du musst noch mit dem Hund Gassi gehen!“, hörte ich die Stimme meiner Mutter aus der Küche. „Ja-a!“, **sagte** ich genervt, denn ich wollte mir gerade meine Lieblingsserie im Fernsehen anschauen. Aber Rico ist mein Hund und wenn ich mich nicht ausreichend um ihn kümmere, gibt es Ärger mit meinen Eltern. Also schnappte ich die Hundeleine und da kam Rico schon schwanzwedelnd angelaufen. „Ich gehe nur eine kleine Runde, bin gleich wieder da!“, **sagte** ich und verließ mit Rico das Haus.

antwortete

Es war kalt und ungemütlich, ich zog mir meine Haube tief ins Gesicht. Ich wollte bald wieder zu Hause im gemütlichen Wohnzimmer vor dem Fernseher sitzen. „Zieh nicht so, Rico!“, **sagte** ich ihm.

Er schnupperte wild an seiner Futterschüssel, die immer vor unserer Haustür stand. „Hat die böse Nachbarskatze wieder aus deinem Napf gefressen? Böse Katze!“, **sagte** ich zu Rico.

Er hasste diese schwarze Katze namens Diabola. Sie hatte ihn als jungen Hund mit ihrer Pranke im Gesicht gekratzt, dass er laut aufgejault und heftig geblutet hatte. Seitdem herrschte Feindschaft zwischen den beiden. Ich wollte nur schnell um den Häuserblock gehen, aber Rico zog mich auf die nahe Wiese. Ungeduldig trabte ich hinter ihm her. „Rico, ich will nach Hause. Unsere Lieblingsserie ‚Scooby-Doo‘ läuft gerade im Fernsehen! Komm!“, **sagte** ich. Aber mein Hund zog mich immer weiter in den Wiesengrund. Sein Ziehen wurde immer heftiger und bald rannte ich hinter ihm her, die Leine fest im Griff. „Rico! Halt! Bei Fuß!“, **sagte** ich, doch er schien außer Rand und Band zu sein.

Da merkte ich, dass er hinter etwas her war: Diabola!

Sein Halsband würgte ihn bereits, doch er ließ nicht locker und fing auch noch zu bellen an. Keuchend zog er mich an der Leine mit.

Da sah ich sie auch! Diabola fauchte wild zurück, sie rannte einige Meter vor uns. Elegant sprang sie über das kleine Bächlein auf der Wiese.

„Wenn ich jetzt die Leine loslasse, ist Rico weg und ich kann ihn den ganzen Abend suchen. Wenn ich die Leine festhalte, werde ich gleich im Wasser landen“, **sagte** ich mir.

Mein Rufen und Ziehen half nichts, ich ließ schließlich die Hundeleine los und … landete, wie erwartet, mit einem lauten Schrei im Abwasserbächlein.

„So ein dummer Köter!“, **sagte** ich wütend und fischte meine Mütze aus dem trüben Wasser.

Meine Hände waren von den Abdrücken der Leine rot wie Blut und schmerzten, meine Hosenbeine schmutzig und triefend nass, meine Schuhe voll mit Schlamm – und von Rico keine Spur. Ich kletterte aus dem kleinen Bächlein und rief nach meinem Hund.

Nach einigen Minuten sah ich ihn unter einem Baum sitzen und hinaufbellen. Im Geäst saß Diabola und fauchte herunter. Ich weiß nicht mehr, wie lange ich auch unter dem Baum stand und wie lange ich mit Rico schimpfte, ihm gut zuredete oder ihn an der Leine zog, bis er endlich aufgab. „Alles für die Katz! Der ganze Hundeabrichtekurs war völlig umsonst!“, **sagte** ich. „Ich dachte, du wolltest heute nur die kleine Runde gehen“, **sagte** meine Mutter schon im Vorraum und erschrak, als sie die riesige schlammige Pfütze rund um mich und Rico sah. (515 W.)

Folgende Zeitwörter (Verben) kannst du in der vorangegangenen Erzählung anstatt „sagen“ schreiben: antwortete, rief, ermahnte (ich ihn), flüsterte, befahl (ich ihm), dachte, schrie, ärgerte (ich mich), begrüßte (mich), bemerkte

Ü 43

Weißt du, was der Ausspruch „Alles für die Katz!“ meint und warum er für die Erzählung als Titel gewählt wurde?

Zusätzliche Themen zum Üben:
Hier findest du einige Bilder, zu denen du Bilderzählungen verfassen kannst. Gehe wie bei Ü 40 + Ü 41 vor!

Wortschatzübungen – passende Zeitwörter verwenden, Wortwiederholungen vermeiden

Ü 44

Verwende andere, passende Zeitwörter, die du anstelle von „sagen" schreiben kannst! Streiche im folgenden Text das Wort „sagt" jeweils durch und setze ein passendes Wort aus dem unterhalb stehenden Wortkasten in die Lücke ein!

1. Dagmar sagt ______________ wütend: „Ich mache nicht mehr mit, ihr spielt unfair!"
2. Peter schaut sie beleidigt an und sagt ______________ : „Immer wenn du schlechte Karten hast, suchst du einen Grund, aus dem Spiel frühzeitig auszusteigen!"
3. Bettina sagt ______________ traurig: „Das ist unfair, gerade wenn ich gute Karten habe, wollt ihr zum Spielen aufhören!"
4. Thomas sagt ______________ im strengen Ton: „Hört endlich auf! Es wird weitergespielt!"
5. „Vollkommen richtig! Dagmar soll nicht immer so ‚zickig' sein!", sagt ______________ Gaby leise zu Ingrid.
6. „Das habe ich gehört!", sagt ______________ Dagmar zornig.
7. Peter legt seine Karten auf den Tisch und sagt ______________ erfreut: „Gewonnen! Sieger!"

8. „Na toll! Ich hab noch zwei Jolly Joker in den Karten!“, sagt ________________ Gaby geschockt.
9. „Die zählen 100 Schlechtpunkte!“, sagt ________________ Dagmar schadenfroh.
10. „Sei nicht traurig! Die Verliererin bin ich, denn ich habe noch drei Joker in meinen ach so guten Karten“, sagt ________________ Bettina beruhigend.

befiehlt, flüstert, faucht, stammelt, kichert, stellt fest, jammert, jubelt, schreit, meint

Ü 45

Verwende andere, passende Zeitwörter, die du anstelle von „ist“ und „sind“ schreiben kannst!
Streiche in den folgenden Sätzen „ist“ oder „sind“ durch und ersetze sie durch ein passendes Wort aus dem unterhalb stehenden Wortkasten!

1. Die Kühe sind ________________ auf der Weide.
2. Mein Bruder und ich sind ________________ auf dem Balkon und spielen Schach.
3. Viele Hotelgäste sind ________________ im Sportbecken.
4. Meine Jacke ist ________________ im Kleiderschrank.
5. Unser Hamster ist ________________ im Laufrad.
6. Deine Schultasche ist ________________ unter dem Tisch. Heb sie bitte auf!
7. Viele Bienen sind ________________ im Lindenbaum.
8. Die Dachdecker sind ________________ am Dach.
9. Meine Katze ist ________________ im Gras.
10. Viele Touristen sind ________________ in der Altstadt.

spazieren, sitzen, schwimmen, arbeiten, hängt, summen, grasen, läuft, liegt, spielt

Ü 46

Verwende andere, passende Zeitwörter, die du anstelle von „machen“ schreiben kannst! Streiche im folgenden Text „machen“ bzw. „macht“ durch und setze jeweils ein passendes Wort aus dem unterhalb stehenden Wortkasten in die Lücken ein!

1. Der Konditor macht ________________ eine riesengroße Hochzeitstorte.
2. Meine Schwester macht ________________ ein schönes Muttertagsgeschenk.
3. „Was wollen wir heute machen ________________ ?“, fragt Lisas Kindergartenfreundin.
4. Der Arbeiter macht ________________ ein großes Loch in die Ziegelmauer.
5. Der Schneider macht ________________ den Hochzeitsfrack für den Bräutigam.
6. „Zuerst mach ________________ deine Aufgaben!“, ermahnt die Hortbetreuerin.
7. Vater macht ________________ einen Bauplan für unsere Gartenhütte.
8. „Oma macht ________________ das beste Gulasch!“, erklärt mein kleiner Bruder.
9. Manuel macht ________________ das Licht aus.
10. Meine kleine Kusine macht ________________ ein komisches Gesicht.

bäckt, schneidet, schaltet, bastelt, spielen, kocht, stemmt, zeichnet, näht, erledige

Ü 47

Verwende andere, passende Zeitwörter, die du anstelle von „gehen" schreiben kannst! Streiche im folgenden Text „gehen" bzw. „geht" durch und setze jeweils ein passendes Wort aus dem unterhalb stehenden Wortkasten in die Lücke ein!

1. Ein Dieb geht ____________________ durch die dunkle Wohnung.
2. Der Fischer geht ____________________ im seichten Wasser.
3. Die Kinder gehen ____________________ durch den hohen Schnee.
4. Eilig gehe ____________________ ich zum Bus, weil ich verschlafen habe.
5. Der Verletzte geht ____________________ zum Auto.
6. Wir gehen ____________________ sonntags öfters im Wald.
7. Mit meiner Freundin gehe ____________________ ich gerne durch die Einkaufsstraßen.
8. Der Bundespräsident geht ____________________ zum Rednerpult.
9. Ein Betrunkener geht ____________________ wackelig am Gehsteig.
10. Die Soldaten mussten über dreißig Kilometer gehen ____________________.

torkelt, schleicht, watet, bummle, wandern, stapfen, sause, humpelt, marschieren, schreitet

Ü 48

Verwende andere, passende Zeitwörter, die du anstelle von „fliegen" schreiben kannst! Streiche im folgenden Text „fliegen" bzw. „fliegt" durch und setze jeweils ein passendes Wort aus dem unterhalb stehenden Wortkasten in die Lücke ein!

1. Die Schmetterlinge fliegen ____________________ um die Blumen auf der Wiese.
2. Die lästige Gelse fliegt ____________________ um mein Gesicht.
3. Eine Rakete fliegt ____________________ in den Himmel.
4. Die Störche fliegen ____________________ übers Wasser.
5. Ein Drachenflieger fliegt ____________________ über die Hügel.
6. Mein Modellflieger steigt hoch hinauf und fliegt ____________________ dann über die Felder.

flattern, steigt, schwirrt, schwebt, gleiten, segelt

Ü 49

Verwende andere, passende Zeitwörter, die du anstelle von „sehen" schreiben kannst! Streiche im folgenden Text „sehen", „sehe" bzw. „sieht" durch und setze jeweils ein passendes Wort aus dem unterhalb stehenden Wortkasten in die Lücke ein!

1. Die Museumsbesucher sehen ____________________ die Gemälde.
2. Der Forscher sieht ____________________ eine sehr seltene Pflanze.
3. Die Kinder sehen ____________________ im Zoo die Tiere.
4. Im Urlaub sehen ____________________ meine Eltern einige Kirchen.
5. Verängstigt sieht ____________________ das Baby den Besucher ____________________.
6. Endlich sehe ____________________ ich in der Menschenmenge meine Familie.

erblicke, betrachten, beobachten, entdeckt, besichtigen, starrt an

Fantasiegeschichte

Die Fantasiegeschichte ist wie eine **Erlebniserzählung** zu schreiben.
Sie unterscheidet sich wesentlich von der Erlebniserzählung, denn das Geschehen in der Fantasieerzählung muss **keinen Wirklichkeitsbezug** haben.
Das heißt: **Gesetze der Wirklichkeit können außer Kraft gesetzt werden**.
(Du kannst fliegen oder zaubern, reist in andere Welten oder lebst am Mond.
Es gibt Gespenster und Feen, du kannst dich verwandeln und Zeitreisen machen.)
Die Fantasieerzählung ist zwar eine frei erfundene, der Wirklichkeit (Realität) nicht entsprechende Erzählung mit unwahrscheinlicher Handlung, muss aber trotzdem **logisch aufgebaut** werden und **in sich stimmig** sein (klarer Aufbau, logische Gedankenfolge).

Ü 50

Vervollständige die Sätze! Lass deiner Fantasie dabei freien Lauf!

Einmal hatte ich einen wunderbaren Traum, ich …

… konnte zaubern und ______________________________

… konnte fliegen und ______________________________

… konnte mich verwandeln und ______________________________

… konnte mich unsichtbar machen und ______________________________

… konnte in eine andere Zeit reisen und ______________________________

… konnte in eine andere Welt reisen und ______________________________

… konnte in andere Galaxien reisen und ______________________________

… lebte am Mond und ______________________________

… begegnete (einem Fabelwesen) ______________ und ______________

… kämpfte gegen den (Fabelwesen) ______________ und ______________

… konnte mit Tieren sprechen und ______________________________

… konnte in die Zukunft blicken und ______________________________

… hatte einen außergewöhnlichen Beruf und war ______________________________

Du kannst deiner Fantasie freien Lauf lassen, alle Gesetze der Wirklichkeit überschreiten, maßlos übertreiben, dich verwandeln …
ABER: Die Fantasiegeschichte wirkt oft besser, wenn du nicht zu sehr übertreibst.
Beschränke dich auf einige fantastische Ausschmückungen!

Ü 51

In der folgenden Fantasiegeschichte mit dem Titel „Als ich fliegen konnte" wird ein Traum erzählt. Erstelle im Nachhinein eine Gliederung dieses Aufsatzes! Wie erfahren wir, dass der Erzähler oder die Erzählerin „nur" geträumt hat?

Einmal konnte ich fliegen. Ich schwang mich wie ein Vogel in die Lüfte und flog hoch in den Himmel. Es war ein tolles Gefühl der Freiheit. Ich spürte den kühlen Wind um meinen Körper sausen. Die Sonnenstrahlen wärmten mich und ich konnte alles ganz klar von oben sehen.

In nicht allzu großer Höhe begegnete ich einer Schar Krähen, die laut krächzten und heftig mit ihren Flügel schlugen. Ich wollte mit ihnen mithalten, doch sie flogen mir zu schnell und machten mir zu viel Lärm. Ich segelte ruhig und gemütlich durch die Luft und beobachtete die Welt unter mir. Da flog über mir ein größerer Raubvogel, es war wohl ein Habicht. Er schoss an mir vorbei und streifte mich dabei mit seinen breiten Flügeln. Wie ein Pfeil stürzte er zu Boden. Wahrscheinlich hatte er eine Beute im Visier und wollte sie nun schnappen.

Ich hatte vor zu landen und mir das bunte Treiben der Menschen von einem sehr hohen Punkt aus anzusehen. Der Kirchturm, dachte ich, wäre wohl ein idealer Ort. Schnell zog ich meine Beine ein, um langsamer zu werden, und schon umfasste ich mit meinen Händen die Kirchturmspitze. Nun saß ich gemütlich am Turm und konnte auf die Straße, in der meine Schule liegt, sehen. Es war gerade große Pause und die Kinder strömten in den Pausenhof. Dort lief mein bester Freund Bernhard. Ich rief, so laut ich konnte: „Bernhard, schau doch nach oben, ich bin's, dein Freund Lukas!" Doch er hörte mich nicht. Ich winkte heftig mit beiden Händen. Plötzlich rutschte ich den glatten Kirchturm hinunter, ich konnte mich nirgends festhalten. Ich fiel in die Tiefe. Ich rief mit aller Kraft: „Hilfe, hilft mir denn niemand! Ich stürze im Eilflug dem Erdboden zu!" Mit einem großen Krach landete ich auf dem harten Boden und spürte den heftigen Aufprall. Die Krähen, die meinen ungeschickten Sturz beobachtet hatten, lachten und krächzten aus vollem Hals. Ich ärgerte mich und wollte mich gerade zum erneuten Abflug bereit machen.

Da … wachte ich neben meinem Bett auf dem Fußboden auf. Mein großer Bruder stand neben mir und lachte: „Hast du schlecht geträumt? Du bist wohl abgestürzt!" Ich sagte kein Wort und rollte mich zurück ins Bett unter meine Decke.

„Der Traum war schön gewesen, aber das Erwachen etwas unsanft und auch etwas peinlich", dachte ich und versuchte noch ein paar Minuten im Bett zu bleiben, bevor ich wirklich in die Schule gehen musste. (400 W.)

Zusätzliche Themen zum Üben:

Schreibe eine Fantasiegeschichte, in der du einen wunderbaren Traum schilderst!

Entscheide dich für **eine** außerordentliche Fähigkeit, die du hast, und erzähle ein fantastisches Abenteuer!

Erstelle vorher wieder eine Stoffsammlung und eine Gliederung!

Ü 52 **Du bist ein Forscher/eine Forscherin, der/die auf dem Meeresgrund eine Stadt entdeckt. Bevor du mit der Stoffsammlung und der Gliederung deiner Gedanken beginnst, überlege dir Einzelheiten zum Thema!**
Was macht ein Forscher/eine Forscherin?
Wie könnte eine Stadt am Meeresgrund ausschauen?

Ü 53 **Du findest hier eine Stoffsammlung und eine Gliederung zum Thema! Schreibe nach dieser Vorgabe eine spannende Fantasiegeschichte über deine Entdeckung!**

Falls du mit dieser Vorgabe nicht zurechtkommst und eigene Ideen zum Thema hast, überspringe den folgenden Text (Stoffsammlung + Gliederung) und gestalte eine eigene Stoffsammlung + Gliederung! Schreibe anschließend deine Fantasiegeschichte und gib ihr einen Titel!

Stoffsammlung:
Ich (= Meeresbiologin/Meeresbiologe) entdecke bei meinen Fahrten mit einem kleinen U-Boot eine gläserne Stadt am Meeresgrund des Pazifischen Ozeans. Mit meinem Team versuche ich unbemerkt in die Stadt zu kommen, um diese neue Zivilisation (Lebensform) zu erforschen. Kontakt mit Einwohner, der mich anspricht → Gefahr entdeckt zu werden, oberstes Gebot der Wissenschaft = in keine fremden Kulturen einmischen, wir können unerkannt entkommen, nehmen Forschungsergebnisse mit, Rätsel über die Worte des Bewohners

Gliederung:
Einleitung: Auftrag vorstellen, Forschungsarbeit erklären
Hauptteil: Entdeckung der gläsernen Stadt, Besuch, Kontakt mit einem Bewohner (spricht uns an), verschwinden unerkannt
Schlussteil: einzigartige Forschungsergebnisse, aber Unklarheit über Worte des Bewohners (Was hat er gemeint?)

Ü 54 **Natürlich ist bei einer Fantasiegeschichte alles unrealistisch (unwirklich) geschildert. Aber es werden zusätzlich Gesetze der Wirklichkeit außer Kraft gesetzt und es wird Unwahrscheinliches behauptet.**
Unterstreiche in dieser Fantasiegeschichte, wo Gesetze der Wirklichkeit außer Kraft gesetzt werden (Was ist normalerweise nicht möglich?)!
Markiere, wo erfundene Bezeichnungen (Wörter) geschrieben wurden!

Eine unglaubliche Entdeckung

Mein Name ist Professor Aminia Aquirania. Ich bin Meeresbiologin und mit einem Forschungsauftrag der Akademie zur Erforschung der Meereswelt beauftragt.
Vor nicht allzu langer Zeit konnten mein Team und ich eine großartige Entdeckung im Pazifischen Ozean machen. Die Mission war nicht ungefährlich, aber wir kehrten mit enorm wichtigen Forschungsergebnissen zurück.
Es war bereits der dreizehnte Tag unserer zweiwöchigen Forschungsreise in einem kleinen Drei-Personen-U-Boot. Die Forschungsreise neigte sich schon dem Ende

zu. Wir hatten Meeresgesteinsproben entnommen, viele seltene Tierexemplare fotografiert und mit unserem Scanngerät, einem hochempfindlichen Analysegerät, das ich entwickelt hatte, untersucht. Da entdeckte ich plötzlich einen eigenartigen Wasserstrudel, die Navigation unseres Bootes spielte auf einmal verrückt, wir wussten nicht, was das bedeuten sollte. Auf unseren Monitoren war nichts Außergewöhnliches zu sehen, aber unser hochsensibles Scanngerät zeigte menschliche Lebensformen an.

Ich schaltete den Modularkondensator aus und fuhr unsere Tarnschilde hoch. Wir waren so für unsere Außenwelt nicht zu sehen und nicht zu erfassen. Im selben Augenblick zeigte sich eine riesige gläserne Kuppel vor unserem Boot. Wir mussten kurz die Rücklaufturbinen aktivieren, sonst wären wir gegen die Glasfront geknallt. „Dr. Gloudy und Professor Fleischmann, Sie beide werden mich begleiten!“, ordnete ich an. In unseren Unterwasseranzügen verließen wir das U-Boot und versuchten in die gläserne Kuppel einzudringen. Da wir Lebensformen geortet hatten, mussten wir uns auf den Kontakt mit ihnen einstellen. Das oberste Gebot unserer wissenschaftlichen Arbeit ist, dass wir uns nicht in fremde Kulturen einmischen und ihren Lebensraum verändern. So war Vorsicht geboten. Dr. Gloudy war eine erfahrene Ärztin und Wissenschaftlerin und Professor Fleischmann erforschte seit 40 Jahren alle bekannten Kulturen dieser Welt und war der Beste auf diesem Gebiet.

Als wir durch eine kleine Schleuse den Innenraum der Glaskuppel betraten, bemerkten wir, dass er mit Luft gefüllt war. Wir legten unsere Anzüge ab und verstauten sie in unseren Rucksäcken.

Plötzlich öffnete sich eine Schiebetüre und wir standen in einem engen, dunklen Gang. Wir verließen diesen und trauten unseren Augen nicht: Wir befanden uns plötzlich in einer hell erleuchteten Stadt. Im hellsten Sonnenschein standen wir auf einem großen Platz mit vielen Menschen. Reges Leben herrschte hier.

„Ein belebter Marktplatz! Menschliche Lebensformen, der unseren sehr ähnlich, aber weiter entwickelt als wir!“, flüsterte Professor Fleischmann. Rasch machten wir mit unseren Instrumenten und Geräten einige Analysen und Aufnahmen. Um nicht aufzufallen, wollten wir so schnell wie möglich wieder verschwinden. Doch da trat ein groß gewachsener, bärtiger Mann auf mich zu. „Framala ban!“, sagte er und schaute mich freundlich an. „Framala ban!“, antwortete ich ebenso freundlich. Er gab mir eine kleine Karte, auf der sich einige fremde Zeichen befanden. Ich nahm sie und nickte freundlich. Mein Herz pochte, meine Hände zitterten. Was sollte ich nur machen, wenn man uns entdeckte? Der Mann verbeugte sich höflich und ging wieder seiner Wege!

So schnell und unauffällig, wie wir nur konnten, verließen wir die Stadt am Meeresgrund. Wir hatten einmalige Forschungsergebnisse mitgebracht, doch der Schrecken steckte mir noch immer in den Gliedern.

Ich hatte Professor Fleischmann beauftragt, Sprachforschungen über „Framala ban!“ und über die Schriftzeichen auf der Karte anzustellen. Er kam leider zu keinem eindeutigen Ergebnis. Entweder hatte mir der Mann einen Heiratsantrag gemacht und mir seine Visitenkarte gegeben, oder es war eine Einladung eines Gastwirtes in sein neu eröffnetes Lokal. Ganz genau wollte sich Professor Fleischmann nicht festlegen. Leider werde ich selbst kein eindeutiges Ergebnis erkunden können.

(548 W.)

Zeitreisen unternehmen

1. Du reist in die **Steinzeit** und lebst einen Tag mit den **Urmenschen**.
2. Du bist mit den **Wikingern** auf dem Meer zu großen Abenteuern unterwegs.
3. Du reist in die Zeit der **Ritter** und nimmst an einem **Turnier** teil.
4. Du fliegst in die **Zukunft** und besuchst mit einem **Raumschiff** einen fremden Planeten.
5. Du reist zu den **Ägyptern** und erforscht die **Pyramiden**.

Ü 55

Überlege dir zu den angeführten Themen:
Wie wird es wohl in der jeweiligen Zeit ausschauen! (Zeitumstände)
Wie kleiden sich die Menschen? Was tun sie? (Lebensumstände)
Auf welchem kulturellen/technischen Wissensstand sind sie?
Welches spannende Abenteuer möchtest du dort erleben?

Du kannst das Internet zu Hilfe nehmen und die fett gedruckten Begriffe in die Suchmaschine eingeben. Vielleicht hast du auch Wissensbücher oder Lexika in deinem Bücherregal stehen und kannst darin blättern!
Schreib wichtige Informationen in die Tabelle!

Reiseziel	Zeitumstände	Lebensumstände	Abenteuer
Steinzeit – Urmenschen			
Wikinger – Meer			

Reiseziel	Zeitumstände	Lebensumstände	Abenteuer
Ritterzeit – Turnier			
Zukunft – Raumschiff			
Ägypter – Pyramide			

Ü 56

Verfasse zu einer Zeitreise (Ü 55) eine spannende Fantasiegeschichte! Schreibe vorher nochmals deine Stoffsammlung auf und entwirf eine genaue Gliederung!

Hier findest du eine Fantasiegeschichte zum Thema:
**Du fliegst in die Zukunft und besuchst mit einem Raumschiff einen fremden Planeten.
Erzähle von deinem spannenden Erlebnis!
Wähle einen passenden Titel für deine Fantasiegeschichte!**

Kontakt mit „Xyrinx"

Das Raumschiff „Anarsis", das zur Erkundung und Erforschung anderer Zivilisationen von der Erde startete, hatte ein kleines Team von Wissenschaftlern und mich, die Friedensbotschafterin des Planeten Erde, an Bord. Wir schrieben das Jahr 2804 unserer Sternzeit und unser erstes Ziel war der Planet Xyrinx in einem entfernten Sonnensystem. Es bestanden erst einige wenige Kontakte zu diesem neu entdeckten Planeten, die wir freundschaftlich vertiefen wollten. Ein erfahrener Diplomat warnte mich vor dem Abflug. Er meinte, er sehe die Mission als gefährliches Unternehmen, denn die Xyrinxianer seien ein misstrauisches und streitbares Volk.
Mit diesen Aussichten brachen wir auf und hatten eine längere Reise vor uns. Unser kleines Raumschiff flog mit Überlichtgeschwindigkeit und passierte auch einige Wurmlöcher, die uns schneller zum Ziel brachten. Wir genossen jeden Komfort in unserem computergesteuerten Zuhause.
Es war am 16. Tag unsrer Reise, kurz vor dem Landeanflug, als plötzlich der Antrieb aussetzte und keiner unserer Computer funktionierte. Das Schiff konnte nicht mehr gesteuert werden, wir mussten die Versorgung auf Notzustand schalten.
Da erhielten wir auf einmal ein Signal von Xyrinx. Ein kurzer Funkspruch meldete, dass eine kleine Gruppe von Xyrinxianern an Bord gebeamt werden wolle, sonst gebe es keine Landeerlaubnis für uns. Wir stimmten zu.
Vier kleine, grau uniformierte Männchen mit zwei großen weißen, hundeähnlichen Tieren kamen an Bord. Die Tiere beschnupperten uns und liefen kreuz und quer im Raumschiff herum. Die Männer sprachen kein Wort und waren plötzlich mit ihren Begleitern wieder verschwunden.
Unsere Monitore zeigten, dass das Schiff wieder voll funktionstüchtig war.
Am großen Übertragungsbildschirm zeigte sich ein Mann, der sich als Sicherheitsbeauftragter des Planeten Xyrinx vorstellte: „Ich heiße Sie im Namen aller Xyrinxianer herzlich willkommen! Verzeihen Sie die Unannehmlichkeiten.
Wir mussten Sie und Ihr Schiff überprüfen!" Er erklärte uns weiter, dass die an Bord gebeamte Gruppe aus vier Sicherheitsrobotern und zwei Suchhunden bestanden habe, deren Aufgabe es gewesen sei, das Schiff zu scannen und so mögliche Gefahren für sie auszuschließen. In der Vergangenheit hätten sie Fremde unter dem Vorwand eines Freundschaftsbesuchs überfallen und ausgeplündert. Weiters ließ er uns wissen, dass sie ein friedliebendes Volk seien, aber wegen dieser Kontrollen irrtümlicherweise als misstrauisch eingeschätzt würden.
Unserem Freundschaftsbesuch stand nichts mehr im Weg. Eine Abordnung von vier Personen, darunter der Captain, zwei Offiziere und ich, wurde auf den Planeten gebeamt. Nach einem herzlichen Empfang und einem interessanten Austausch über unsere unterschiedlichen Kulturen verabschiedeten wir uns und setzten unsere Reise in die unbekannten Weiten des Weltalls fort.

(398 W.)

Zusätzliche Themen zum Üben:

- Schreib eine Fantasiegeschichte mit dem Titel „**Ein ungewöhnlicher Vampir**“!
- Schreib eine Fantasiegeschichte mit dem Titel „**Ein Tag im Schlaraffenland**“!
- Schreib eine Fantasiegeschichte mit dem Titel „**Das kleine Gespenst von Burg Furchthausen**“!
- Du unternimmst eine **Zeitreise ins alte Ägypten** und besuchst den **Pharao**! Erzähle dein spannendes Erlebnis!
- Du bist ein **Pirat**/eine **Piratin** und kehrst nach erfolgreichem Beutezug in den Hafen zurück! Erzähle dein spannendes Erlebnis!
- Du begibst dich in den **Wilden Westen** und begegnest Klapperschlangen-Billy, dem Revolverhelden! Erzähle dein spannendes Erlebnis!

Direkte und indirekte Rede

Das von Personen Gesagte und Gedachte kann in einem Text **direkt** (wörtlich) **wiedergegeben** werden. Du setzt das Gesagte oder Gedachte unter **Anführungszeichen**.

Achte auf die Zeichensetzung!

1. **Begleitsatz – direkte Rede**
   Der Kapitän ruft: „Alle an die Ruder!“
   Der Matrose fragt: „Sollen wir die Segel einholen?“
   Der Steuermann meint: „Der Sturm wird sich bald legen.“

2. **direkte Rede – Begleitsatz**
   „Angriff!“, ruft der Wikingerhäuptling seinen Männern zu.
   „Wie gehen Wikinger auf ihren Raubzügen vor?“, prüfte mich mein Geschichtelehrer.
   „Sie stecken unsere Klosteranlage in Brand“, meint einer der Mönche.

3. **direkte Rede – Begleitsatz – direkte Rede**
   „Ich werde gewinnen“, meint der schwarze Ritter, „und mir den Siegerkranz holen!“
   „Ihr seid der Turniersieger!“, spricht die edle Dame. „Ihr habt Ehre und Ruhm erworben!“

Ü 57

Füge die Anführungszeichen richtig ein!

1. Die Fee versprach mir: Ich erfülle dir drei Wünsche!
2. Ich fürchte mich vor der Dunkelheit , stotterte das kleine Gespenst, und habe Angst vor Katzen!
3. Der Zauberer legte seinen Zauberstab auf meine Schulter und flüsterte: Abrakadabra, Simsalabim!
4. Hast du meinen kleinen Hund gesehen? , fragte ich den Zwerg.
5. Vergiss nicht die Zauberbohnen bei Vollmond in die Erde zu legen! , ermahnte mich der Gnom. Sie sind deine einzige Möglichkeit, von hier zu entkommen.
6. Einsteigen! Wir starten sofort! , signalisierte der Pilot.
7. Das Einhorn verriet mir: Du darfst niemals Wasser aus dem See trinken. Du verwandelst dich sonst auch in ein Einhorn.
8. Kannst du mir den Weg nach Hause zeigen? , fragte ich den alten Baum. Ich habe mich verlaufen.

Bei der **indirekten Rede** gibst du ein Gespräch nicht wörtlich, sondern **dem Sinn nach** wieder.
Das Verb steht im **Konjunktiv I (Möglichkeitsform)**. Du drückst so aus, dass du nicht deine Meinung, sondern die eines anderen äußerst.

- Bei der Umformung von direkter in indirekte Rede ändert sich das **Pronomen (Fürwort)**.
  Direkte Rede: Sie meint: „Ich komme zu spät."
  Indirekte Rede: Sie meint, sie komme zu spät.
- Unterscheidet sich Konjunktiv I vom Indikativ nicht, wird in der **indirekten Rede** der **Konjunktiv II verwendet**.
  Er sagt, ich singe zu laut. (ich singe → Indikativ und Konj. I sind gleich.)
  Er sagt, ich sänge zu laut. (Konj. II)

Konjunktiv (Möglichkeitsform) bilden

Den **Konjunktiv I** (Möglichkeitsform) bildest du **mit dem Infinitiv** (Nennform).
Er unterscheidet sich oft nur wenig oder gar nicht von der Form des Präsens.

Infinitiv	Präsens (Gegenwart)	Konjunktiv I (Möglichkeitsform)
schreiben	ich schreibe	ich schreibe
	er schreibt	er schreibe

Den **Konjunktiv II** bildest du mit dem **Präteritum** (2. Stammform).
Du verwendest ihn, **wenn etwas stark angezweifelt**, scheinbar unmöglich oder nur gedacht wird. (Bsp.: Wenn sie davon wüsste, käme sie nicht.)
Unterscheidet sich Konjunktiv I nicht vom Indikativ (Wirklichkeitsform), wird in der **indirekten Rede** der **Konjunktiv II verwendet**.

Präteritum (Mitvergangenheit)	Konjunktiv II
ich schrieb	ich schriebe
er schrieb	er schriebe

- Bei starken Verben muss die **Umlautbildung** im Konjunktiv II erfolgen.
  er sah → er s**ä**he
  sie war → sie w**ä**re
  wir hatten → wir h**ä**tten

- Wenn die Konjunktivform altertümlich oder seltsam klingt, solltest du eine **Umschreibung mit „würde"** oder ein **Modalverb** verwenden.
  Die Modalverben heißen: **dürfen, können, wollen, sollen, mögen (möchten), müssen**.

es trug → (es trüge) → es würde tragen/es **sollte** ... tragen
er las → (er läse) → er würde lesen/er **wollte** ... lesen

- Umschreiben solltest du auch, wenn sich die Form des **Konj. II vom Präteritum nicht unterscheidet**.

Präteritum		Konj.II		Modalverb
wir glaubten	→	wir glaubten	→	wir würden glauben
er schrie	→	er schrie	→	er würde schreien

Ü 58

Vervollständige die Tabelle!

Präsens	Konj. I	Präteritum	Konj. II
es läuft			
sie kochen			
er fliegt			
sie liest			
es ist			
er nimmt			
ich bin			
er kann			
sie kommt			

- Indirekte Rede kannst du auch mit „dass-Sätzen“ ausdrücken.
  Der Neandertaler meint, er **habe** ein Mammut erlegt.
  Der Neandertaler meint, **dass** er ein Mammut erlegt **habe**.

- Ist die direkte Rede ein Fragesatz, musst du die indirekte Rede als „ob-Satz“ formulieren!
  Der Knappe fragte ihn: „Nehmen Sie, edler Herr, auch am Turnier teil?“
  Der Knappe fragte ihn, **ob** er auch am Turnier teilnehme.

Ü 59

Wandle die direkte Rede in indirekte Rede um!
Unterstreiche die Konjunktivformen! Achte auf die Änderung der Pronomen!

direkte Rede	indirekte Rede
1. Der Schüler gesteht: „Ich habe mein Heft zu Hause vergessen.“	Der Schüler gesteht, er habe sein Heft zu Hause vergessen.
2. Sie behauptet: „Ich habe dich angerufen!“	

3. Daniela verspricht: „Ich werde das Paket abholen."	
4. Harald berichtete: „Ich war um drei Uhr bereits da gewesen!"	
5. Vater fragt uns: „Wollt ihr eine kleine Radtour machen?"	
6. Rafaela flüstert mir zu: „Ich habe sie gestern mit Tom gesehen!"	
7. Meine Schwester fragt mich: „Bringst du mir auch ein Eis?"	
8. Berni jubelte: „Ich freue mich über den Sieg meiner Fußballmannschaft!"	
9. Sabine rief laut: „Ich werde nicht länger warten!"	
10. Die Kinder wisperten ängstlich: „Wir glauben unheimliche Geräusche zu hören!"	
11. Eva fragt ihn: „Kommst du auch mit zur Party?"	
12. Der Patient sagt: „Ich nehme täglich drei Pillen!"	
13. Thomas fragt mich: „Borgst du mir dein neues Fahrrad?"	

Ü 60

Unterstreiche alle indirekten Reden in der Fantasiegeschichte „Kontakt mit ‚Xyrinx'"(Ü 56)!

Eulenspiegelgeschichte

Wer kennt Till Eulenspiegel und die Geschichten, die von ihm erzählt werden, nicht? Er gilt bis heute als der bekannteste Schelm aller Zeiten. Er dürfte wirklich gelebt haben, die Angaben zu seinem Leben sind aber sehr ungenau. Jedenfalls zog er von Ort zu Ort, spielte seinen Mitmenschen Streiche und hatte Spaß daran.

Aufbau einer Eulenspiegelgeschichte

Meist verläuft die Handlung folgendermaßen:

1. Till Eulenspiegel kommt in eine Stadt/in ein Dorf und tritt eine neue Arbeitsstelle an.
2. Er bekommt Arbeitsaufträge, die er wortwörtlich nimmt oder absichtlich missversteht. Er nutzt die Mehrdeutigkeit der Sprache aus, indem er doppeldeutige Wörter und Redensarten bewusst falsch versteht.
   Beispiele:
   Bank ist ein doppeldeutiges Wort und kann eine Sitzgelegenheit, aber auch ein Geldinstitut bezeichnen.
   Die Redensart „den Kopf hängen lassen“ bedeutet im übertragenen Sinn, dass man enttäuscht ist.
3. Der Meister bzw. Auftraggeber beklagt den Schaden/die Folgen des Streichs und schimpft mit Till. Der sucht nach Ausreden. Schließlich wird er entlassen oder verjagt.

Ü 61

Lies dir die folgende Eulenspiegelgeschichte durch!

1. **Unterstreiche alle Redensarten, die in der Geschichte vorkommen, und markiere alle doppeldeutigen Wörter, die er bewusst missversteht!**
2. **Weist der Text den typischen Aufbau von Eulenspiegelgeschichten auf? Markiere dazu den Textabschnitt am Rand mit einer Klammer und führe die entsprechende Zahl an!**

Till bei einem Uhrmacher

Auf seiner Wanderschaft quer durch Österreich kam Till Eulenspiegel auch einmal nach St. Pölten. Der Hunger plagte ihn, aber er hatte kein Geld. Er beschloss, nach Arbeit Ausschau zu halten. Da kam er an einem Uhrengeschäft vorbei, aus dem lautes Geschrei drang. „Na warte, dir werde ich die Ohren lang ziehen“, brüllte ein Mann. Da wurde die Türe aufgerissen und ein junger Mann lief heraus. „Mich sehen Sie nie wieder, Sie Halsabschneider! Ich suche mir eine neue Stelle“, rief er und eilte davon. Der Uhrmachermeister hatte ein Fenster aufgerissen und drohte dem Flüchtenden mit der Faust. Er war im Gesicht ganz rot vor Zorn. Nun war Tills Chance gekommen. Scheinheilig fragte er: „Brauchen Sie einen neuen Gesellen? Ich bin ausgebildeter Uhrmacher und suche zufällig Arbeit.“ „Das trifft sich gut. Du bist eingestellt“, sagte der Mann.

1.

Sogleich erhielt der Schelm seinen ersten Auftrag. Er sollte herausfinden, warum der Wecker einer Kundin nicht ging. Till nahm ihn in die Hand und untersuchte ihn genau. Schließlich meinte er: „Kein Wunder, dass er nicht gehen kann. Er hat doch keine Beine!“ Der Meister erwiderte: „Für Späße bin ich jetzt nicht aufgelegt. Nun wird gearbeitet! Schreib dir das hinter die Ohren! Ich kümmere mich später selber um den Wecker.“ Flugs griff sich Eulenspiegel einen Stift und kritzelte sich etwas hinter die Ohren. „Hör endlich auf mit diesen Kindereien! Ich denke, etwas frische Luft wird dir gut tun. Bring bitte zuerst die Tageseinnahmen auf die Bank neben der Kirche! Räume danach auf und stelle alle Uhren wieder auf den Platz!

Ich fühle mich nicht ganz wohl und lege mich eine Stunde hin.“ Munter machte sich Till ans Werk. Er holte aus dem Hinterhof einen Schubkarren und schlichtete alle Uhren, die auf dem Arbeitstisch standen, hinein. Schnell schnappte er sich die Kassa mit dem Geld und marschierte los. Seine erste Station war der St. Pöltner Hauptplatz. Dort stellte er die Uhren in einem Kreis auf. Danach marschierte er zur Parkbank neben der Kirche, stellte die Kassa dort ab und schlenderte gut gelaunt nach Hause. Der Meister war inzwischen schon wieder aufgestanden. Er fragte sich, wo Till die Uhren hingeräumt hatte. Nirgends konnte er sie finden. Als der Schelm eintrat, fragte er scharf: „Wo sind die Uhren? Was hast du mit ihnen gemacht?“

„Der ist wohl mit dem linken Fuß aufgestanden, weil er so schlechte Laune hat“, dachte Till. Er sagte: „Wie befohlen habe ich sie auf den Hauptplatz gestellt.“ Der Meister wurde bleich im Gesicht und rief: „Bist du verrückt?“ Böses ahnend, wollte er nun auch noch wissen, ob er das Geld auf die Bank gebracht hatte. Als er erfuhr, dass Till die Geldkassa auf die Parkbank gestellt hatte, verlor er endgültig die Nerven. So etwas hatte er noch nie erlebt.

Er schrie: „Dir werde ich Beine machen! Hinaus aus meinem Haus!“

Der Schelm grinste verschmitzt, nahm seine Beine in die Hand und verließ schleunigst St. Pölten. Niemals wieder wurde er mehr in Niederösterreichs Hauptstadt gesehen. (490 Wörter)

Nach alten Überlieferungen frei erzählt.

Ü 62

Führe an, welche der Redensarten, die in der Eulenspiegelgeschichte in Ü 61 vorkommen, hier bildlich dargestellt ist!
Was bedeutet diese Redensart im übertragenen Sinn?

Wortschatzübung – Worte und Wendungen, um Ärger auszudrücken

Ü 63 **In den angeführten Wortschlangen sind Wörter mit Artikel angeführt, die du als Umschreibungen für Till Eulenspiegel verwenden kannst. Damit vermeidest du Wortwiederholungen. Schreibe sie auf in dein Übungsheft!**

DERSCHELMDERNARRDERSCHALKDERWITZBOLD
DERGEWIEFTEBURSCHEDERSCHLINGELDERSPASSMACHER
DERDURCHTRIEBENEKERLDERSPASSVOGEL

In Eulenspiegelgeschichten müssen sich die Menschen immer wieder über Till Eulenspiegel ärgern. Wie man in Aufsätzen ihren Ärger sprachlich ausdrückt und darstellt, zeigen dir die folgenden Übungen. Verwende sie in deinen eigenen Texten!

Ü 64 **Streiche die vier Wörter bzw. Wendungen durch, die nicht zum Wortfeld „schimpfen" passen!**

attackieren, belasten, donnern, ein Donnerwetter loslassen, fluchen, flunkern, kritisieren, meckern, poltern, prahlen, schelten, schrubben, sich beklagen, tadeln, vorhalten, vorwerfen, wettern, zetern, zurechtweisen

Ü 65 **Lege in deinem Übungsheft wie angeführt eine Tabelle mit zwei Spalten an! Ordne die Wendungen und Eigenschaftswörter aus dem Kästchen richtig ein!**

Wendungen: wie sich der Ärger zeigt	**Eigenschaftswörter:** verärgert sein
einen hochroten Kopf haben, …	aufgebracht, …

einen hochroten Kopf haben ✓, aufgebracht✓, die Hände zu Fäusten ballen, entrüstet, erbost, erzürnt, die Hände ringen, fuchsteufelswild, gereizt, nach Luft schnappen, die Stirn in Falten ziehen, wütend, wutentbrannt, vor Wut schnauben, mit den Füßen aufstampfen, grimmig, missgelaunt, vor Wut schäumen, außer sich vor Wut sein, böse, empört, missvergnügt, ungehalten, mit der Faust auf den Tisch schlagen, innerlich kochen, ärgerlich, unwirsch, sich die Haare raufen, mit der Faust drohen, verbittert, verstimmt

Redensarten

Im Folgenden lernst du viele Redensarten und ihre Bedeutung kennen.
Damit ist es dir leicht möglich, sie in Eulenspiegelgeschichten einzubauen.

Ü 66

Male die Kästchen, die zusammengehören, in derselben Farbe an! So erfährst du, was die angeführten Redensarten heute bedeuten und worauf sie sich früher bezogen haben.

A

Redensart	Was sie heute bedeutet	Worauf sie sich früher bezogen hat
einen Korb bekommen	für etwas die Folgen tragen müssen	Beim Bezahlen warf man einst die Geldmünzen kräftig auf den Tisch. Das ergab einen typischen Klang. Damit zeigte man, dass die Münzen echt waren und man zahlungskräftig war.
Krokodilstränen weinen	etwas spendieren, großzügig sein	Wenn im Mittelalter ein Mann um eine feine Dame warb, so wurde er von ihr in einem Korb die Burgmauer hochgezogen. War er nicht der richtige Freier, so ließ sie den Boden offen. Er fiel durch.
etwas springen lassen	Trauer oder Mitleid nur vorspielen, geheuchelte Tränen weinen	Wenn Krokodile ihre Beute fressen, so fließen aus ihren Augen Tränen. Beim Öffnen des Mauls drückt der Unterkiefer nämlich auf die Tränendrüsen. Sie haben aber kein Mitleid.
das Handtuch werfen	eine Abweisung bekommen	Früher, als man noch Wasser auf dem Herd erhitzte, badeten mehrere Personen hintereinander in einer Wanne. Die letzte Person durfte nicht nur im schmutzigen Wasser baden, sondern musste auch noch die Wanne ausleeren und sauber machen.
etwas ausbaden	aufgeben	Diese Redensart stammt aus dem Boxsport. Wollte ein Betreuer seinen Schützling vor einem überlegenen Gegner schützen, so warf er das Handtuch. Das bedeutete, der Boxer gab auf.

B

Redensart	**Was sie heute bedeutet**	**Worauf sie sich früher bezog**
die Flinte ins Korn werfen	jemanden zum Besten halten	A Früher stellte der Zahnarzt nur durch Abklopfen und Befühlen der Zähne fest, welcher Zahn krank war. B Früher bestimmte der Tierarzt das Alter eines Pferdes anhand seiner Zähne. Das war wichtig für seinen Marktwert.
jemanden an der Nase herumführen	jemandem nicht helfen, jemanden verlassen	Hatten herumziehende Gesellen etwas gestohlen und im Quartier eine Durchsuchung zu befürchten, so legten sie das Diebsgut einfach einem anderen Gesellen in die Schuhe. So waren sie nicht verdächtig.
jemanden im Stich lassen	jemanden gründlich prüfen	Manchmal zogen es Soldaten in einem aussichtlosen Kampf vor, aufzugeben und ihre Gewehre ins Feld zu werfen, anstatt im Kampf ihr Leben zu verlieren.
jemandem etwas in die Schuhe schieben	aufgeben	Fiel ein Ritter bei einem mittelalterlichen Turnier vom Pferd, brauchte er die Hilfe seines Knappen. Die Rüstung war nämlich zu schwer, um alleine wieder aufzustehen. Wenn dieser jedoch zu faul war, überließ er seinen Herrn dem Schwertstich des Gegners.
jemandem auf den Zahn fühlen	jemandem anderen die Schuld für etwas geben, das er nicht gemacht hat	Diese Redensart stammt von den Tierbändigern. Sie zogen Tieren (z. B. Stiere, Bären) einen Ring durch die Nase – ihre empfindlichste Stelle. So ließen sie sich leicht herumführen, auch wenn sie noch so widerspenstig waren.

Ü 67

Setze jeweils den richtigen Körperteil in die Redensart ein und streiche den falschen Begleiter durch! Die Bedeutung aller Redensarten ist angeführt.

Kopf oder Nase?

- den/die __________ in den Sand stecken (= sich einem Problem verschließen)
- jemandem etwas unter den/die __________ reiben (= jemandem etwas deutlich sagen)
- den/die __________ hoch tragen (= eingebildet sein)
- jemanden vor den/die __________ stoßen (= jemanden kränken, verletzen)
- sich den/die __________ zerbrechen (= angestrengt nachdenken)
- jemandem auf dem/der __________ herumtanzen (= mit jemandem machen, was man will)
- jemandem den/die __________ verdrehen (= jemanden verliebt machen, verwirren)
- jemandem die Würmer aus dem/der __________ ziehen (= jemanden mühsam zum Reden bringen, ein Geheimnis entlocken)
- jemandem etwas an den/die __________ werfen (= etwas direkt sagen)
- jemandem den/die __________ waschen (= jemanden zurechtweisen)
- jemandem etwas auf den/die __________ binden (= jemandem etwas erzählen, was er vielleicht gar nicht wissen will)
- mit dem/der __________ durch die Wand (= stur sein)

Augen oder Ohren?

- jemandem schöne __________ machen (= flirten)
- die __________ zudrücken (= nachsichtig sein)
- jemandem einen Floh ins __________ (Einzahl!) setzen (= jemandem etwas mitteilen, das ihn lange beschäftigt)
- mit einem blauen __________ (Einzahl!) davonkommen (= ohne großen Schaden davonkommen)
- jemandem das Fell über die __________ ziehen (= jemanden bestrafen)
- jemandem die __________ öffnen (= jemanden aufklären)
- jemanden übers __________ (Einzahl!) hauen (= jemanden betrügen)

Mund oder Zunge?

- mit hängendem/hängender __________ (= atemlos sein)
- jemandem den/die __________ wässrig machen (= den Appetit auf etwas wecken)
- einen/eine böse/n __________ haben (= von anderen schlecht reden)
- seinen/seine __________ im Zaum halten (= aufpassen, was man sagt)
- seinen/seine __________ nicht halten können (= nichts für sich behalten können)
- jemandem über den/die __________ fahren (= jemanden scharf zurechtweisen)
- etwas zergeht auf dem/der __________ (= etwas ist besonders weich und schmackhaft)

Ü 68

Was ist mit den folgenden Redensarten gemeint? Ordne ihnen ihre Bedeutung richtig zu, indem du die richtige Zahl in die Kästchen schreibst!

A

1 jemanden auf die Folter spannen	jemanden behindern
2 jemanden aufs Glatteis führen	jemanden hinauswerfen
3 das Gras wachsen hören	ein Geheimnis lüften
4 jemandem einen Bären aufbinden	1 jemanden sehr neugierig machen
5 jemandem Honig ums Maul schmieren	in einer schwierigen Situation mutig handeln
6 jemandem Steine in den Weg legen	geheime Dinge ahnen, eine Entwicklung frühzeitig erkennen
7 jemanden an die Luft setzen	jemandem schmeicheln
8 die Katze aus dem Sack lassen	jemanden in die Irre führen
9 den Stier bei den Hörnern packen	jemanden anschwindeln

B

1 aus einer Mücke einen Elefanten machen	nichts ungeklärt lassen
2 sich wie ein Elefant im Porzellanladen benehmen	ohne eigene Leistung in eine gut vorbereitete Situation kommen
3 reinen Tisch machen	jemanden zur Rede stellen müssen
4 jemanden hinters Licht führen	stark übertreiben
5 mit jemandem ein Hühnchen zu rupfen haben	sich ungeschickt, unpassend benehmen
6 sich ins warme Nest setzen	alles riskieren
7 das Geld zum Fenster hinauswerfen	im Übereifer das Gute übersehen
8 alles auf eine Karte setzen	Geld verschwenden
9 das Kind mit dem Bade ausschütten	jemanden täuschen

Ü 69

Ersetze die in den Sätzen unterstrichenen Stellen durch die richtigen Redensarten! Sie sind im Kästchen unterhalb angeführt. Schreibe die Sätze auf die freien Zeilen!

1. Indem der Moderator nicht gleich bekanntgab, wer gewonnen hatte, <u>machte er die Zuschauer sehr neugierig</u>.
   Indem der Moderator nicht gleich bekanntgab, wer gewonnen hatte, **spannte er die Zuschauer auf die Folter.**

2. Mit seiner Aussage hatte Bernd wie immer <u>genau das Richtige behauptet</u>.

   ____

   ____

3. <u>„Nimm bitte nicht gleich das Schlimmste an“</u>, versuchte Monika ihre Freundin zu beruhigen.

   ____

   ____

4. Michael <u>lag gestern krank im Bett</u>. Er hatte Fieber und starke Kopfschmerzen.

   ____

   ____

5. Wieder einmal hatte Alexander <u>etwas gekauft, ohne es genau zu prüfen</u>.

   ____

   ____

6. Tim forderte Leonie auf, ihm <u>die Wahrheit zu sagen</u>.

   ____

   ____

7. Der Schelm packte flugs seine Sachen und <u>lief davon.</u>

   ____

   ____

das Bett hüten müssen – den Nagel auf den Kopf treffen – jemandem reinen Wein einschenken – jemanden auf die Folter spannen ✓– die Katze im Sack kaufen – sich aus dem Staub machen – den Teufel an die Wand malen

Doppeldeutige Wörter

Eulenspiegel nützt immer wieder die Doppeldeutigkeit von Wörtern für seine Streiche aus. Im Folgenden lernst du viele doppeldeutige Wörter kennen.

Ü 70

Löse das Kreuzworträtsel! Gesucht sind doppeldeutige Wörter! Als Hilfe sind die gesuchten Wörter im Wortkasten unterhalb angeführt. Wie heißt das Lösungswort?

Lösungswort:

1. Frau, die Kinder hat; Teil einer Schraube
2. Utensil zum Schreiben; Kloster
3. Kopfbedeckung; Frucht
4. Brettspiel; Anlage zum Mahlen von Getreide
5. Stoff zum Zudecken; Plafond
6. Schachfigur; schmaler Teppich; Person, die aus sportlichen Gründen läuft
7. Straßenbelag; Schutzverband
8. Larve des Schmetterlings; schweres Fahrzeug auf Ketten
9. männliches Huhn; Vorrichtung, aus dem man Wasser entnehmen kann
10. kleines Nagetier; Steuerungsgerät beim Computer
11. kleine Kirche; (kleines) Orchester
12. ein Obst; Glühlampe
13. Kletterhilfe; Führungskraft; Stoff, der Energie leitet
14. ein Reptil; eine lange Reihe (z. B. von Menschen)
15. Beurteilung; Zeichen für einen Ton; Papiergeld
16. Wasserwirbel; Mehlspeise

Birne – Decke – Hahn – Kapelle – Läufer – Leiter – Maus – Melone – Mühle – Mutter – Note – Pflaster – Raupe – Schlange – Stift – Strudel

Ü 71

Bilde zusammengesetzte Wörter mit den in der Tabelle angegebenen doppeldeutigen Wörtern! Die fehlenden Bestandteile findest du unten im Kästchen.

-ball:	der **Fuß**ball	-nagel:	
	der **Masken**ball		
-schloss:		-zug:	
-schirm:		-krone:	
-decke:		-flügel:	
Mandel-		-feder:	
-leitung:		-blatt:	

Adler-, Baum-, Beton-, Bett-, Bild-, Blüten-, -entzündung, Finger-, **Fuß-** ✓ , Jagd-, Kaiser-, -kern, Konzert-, Luft-, **Masken-**✓, Metall-, Noten-, Reiß-, Regen-, Schnell-, Schul-, Tür-, Wasser-, Vogel-

Weitere doppeldeutige Wörter sind z. B.:

Nomen: Zunge, Mantel, Blume, Hals, Kopf, Tor, Steuer, Schimmel, Rolle, Schild, Ton, Tafel, Panzer, Sprung

Verben: aufheben, angeben, durchschauen, einlassen, einstellen, eintreten, führen, halten, laufen, räumen

Ü 72

Der angeführte Textauszug stammt aus einer Eulenspiegelgeschichte. Leider sind die Textteile durcheinandergeraten. Bringe sie wieder in die richtige Reihenfolge, indem du sie von 1 bis 5 nummerierst!

Till bei einem Müller

☐ Kaum war der Meister gegangen, machte sich der Schelm, der sich sehr darüber ärgerte, dass er nicht hatte mitkommen dürfen, auch schon ans Werk.
Er holte Farbe und Pinsel, stellte sich vor eine Hausmauer und begann Getreidekörner darauf zu malen.

☐ Daraufhin verlor der Meister vollends die Fassung. Er ballte seine rechte Hand zu einer Faust und schrie: „Von dir lass ich mir nicht länger auf der Nase herumtanzen! Na warte, Bürschchen, du kannst etwas erleben!" Er wollte sich auf Till stürzen. Der aber nahm seine Beine in die Hand und ergriff die Flucht.

☐ Er fiel aus allen Wolken, als er sah, was sein Geselle angestellt hatte. Tausende Getreidekörner zierten die ehemals weiße Hausmauer. „Bist du denn vollkommen verrückt geworden!", brüllte er. „Du solltest das Korn mahlen, aber nicht malen!" Till grinste nur verschmitzt.

☐ Der Scherzbold nahm seine Arbeit sehr ernst und malte ohne Pause.
Am späten Nachmittag kam der Müller zurück.

☐ Der Müller hatte einige Besorgungen in der Stadt zu machen und befahl Till: „Mahle das Korn, während ich fort bin!"

Ü 73

Ergänze in der folgenden Eulenspiegelgeschichte an der richtigen Stelle die fehlenden Redensarten! Sie sind im Kästchen angeführt.

... dir werde ich den Kopf waschen ...
Kauf aber nicht die Katze im Sack ...
... an die Luft setzte ...
... an der Nase herumgeführt ...

Till als Hausmeister

Schon seit einiger Zeit war Till als Hausmeister in einem großen Wohnhaus in Baden angestellt. Es hatte noch keine Beschwerden über ihn gegeben, denn er hatte bisher niemanden ______________________________.
Das sollte sich aber bald ändern.
Im Stiegenhaus waren eines Tages zwei Lampen defekt. Der Hausbesitzer rief den Schelm zu sich und sprach: „Besorge zwei neue Birnen und montiere sie! ______________________________! Achte auf eine

entsprechende Qualität!" „Wird sogleich erledigt, Chef", antwortete Eulenspiegel. Er eilte zum Marktplatz und erstand zwei große, saftige Birnen. Vergnügt marschierte er nach Hause. Schnell trug er eine Leiter aus dem Keller in das Stiegenhaus, stellte sie auf, drehte die defekte Glühbirne heraus und versuchte, die neue Birne hineinzuschrauben. Das gelang ihm aber nicht. Lange dachte er nach, wie er das Problem lösen konnte. Da hatte er die rettende Idee:
Er holte ein Klebeband und befestigte so die Birne in der Fassung. Bei der zweiten Lampe machte er das Gleiche.
Am Abend klopfte jemand heftig an seiner Wohnungstür. Es war der Hausbesitzer, der wutentbrannt vor seiner Wohnungstür stand. „Du hältst dich wohl für einen besonderen Witzbold? Wie konntest du nur auf die Idee kommen, richtige Birnen in die Lampen zu schrauben?", schrie er. „Warte, Bürschchen, ______________________________

______________________________!"
Eulenspiegel, der bemerkt hatte, dass es nun sehr gefährlich für ihn werden konnte, schlug dem Mann die Tür vor der Nase zu und versperrte sie. Schnell packte er seine Siebensachen und flüchtete durch das Fenster, bevor ihn der Hausbesitzer

______________________________.
Gott sei Dank lag seine Wohnung im Erdgeschoß.

Ü 74

A Von der folgenden Eulenspiegelgeschichte sind der Beginn und das Ende vorhanden. Gestalte den fehlenden Mittelteil! Gehe davon aus, dass Till das doppeldeutige Wort „Maus" bewusst missversteht!

B Welche Redensarten kommen im vorgegebenen ersten und letzten Teil vor? Unterstreiche sie!

Till Eulenspiegel als Verkäufer in einem Computergeschäft

Es war ein brütend heißer Montagvormittag im August, als Till Eulenspiegel in der Stadt Wien auftauchte. Er schlenderte die Mariahilfer Straße entlang und kam an einem Computergeschäft vorbei. An dessen Eingangstür hing ein Zettel mit der Aufschrift „Verkäufer dringend gesucht!". Sogleich trat der Schelm ein und hörte eine Männerstimme sagen: „Guten Tag! Womit kann ich Ihnen dienen?" Es war Herr Maier, der Besitzer des Ladens. „Kaufen will ich eigentlich nichts, ich würde gerne die freie Stelle als Verkäufer antreten", antwortete Till. „Haben Sie auch ausreichend Erfahrung?", wollte der Mann wissen. Es wäre nicht Eulenspiegel gewesen, hätte er zugegeben, vom Verkaufen von Computern eigentlich keine Ahnung zu haben. So wurde er angestellt. „Oberstes Prinzip in meinem Geschäft ist: Der Kunde ist König. Schreiben Sie sich das hinter die Ohren!", belehrte Herr Maier seinen neuen Mitarbeiter. Till schnappte sich gleich einen Kugelschreiber und kritzelte sich damit etwas hinter die Ohren. So etwas Dummes hatte Herr Kaiser noch nie gesehen. Das wollte er seinem neuen Angestellten auch gleich sagen, in diesem Moment betrat aber ein Kunde das Geschäft.
Der Narr sprang hinter dem Verkaufspult hervor, machte eine tiefe Verbeugung und sprach: „Eure Majestät, ..." Weiter kam er nicht, denn der Mann machte sofort kehrt, glaubte er doch, in diesem Geschäft seien die Angestellten nicht ganz bei Trost. „Was sollte diese Anrede? Willst du mir so alle Kunden vertreiben und dafür sorgen,

dass ich pleitegehe? Bist du von allen guten Geistern verlassen?“, entfuhr es dem Geschäftsinhaber. „Erstens bin ich nicht nur von den guten, sondern auch von allen bösen Geistern verlassen und zweitens meinten Sie doch, jeder Kunde sei König. Ich habe nichts Falsches gesagt!“, erwiderte Till. „Schön langsam reicht's mir mit ihm“, dachte der Mann. „Entweder ist er wirklich so dumm oder er spielt es nur. Eine letzte Chance gebe ich ihm noch. Neues Personal ist ja kaum zu bekommen.“ So sprach er: „Hier, nimm diesen Zettel! Auf ihm steht die Adresse einer Kundschaft. Liefere die bestellte Maus! Du findest sie im Lagerraum.“ …

Fehlender Mittelteil, der von dir zu gestalten ist!

… Betrübt kam Till jedenfalls etwas später zum Geschäft. Da erwartete ihn schon der vor Wut kochende Chef. Er hatte bereits von der Kundin über Telefon alles erfahren und wollte ihn windelweich klopfen. Gleich bei seinem Eintreten stürzte er sich auf ihn und schrie: „Na warte, Bürschchen, dir werde ich die Ohren lang ziehen!“ Flink wie Till nun einmal war, befreite er sich aus der Umklammerung und erwiderte keck: „Bitte nicht! Es reicht, dass Sie wie ‚Spock‘ aus der Fernsehserie ‚Raumschiff Enterprise‘ aussehen.“ Sprach's und war verschwunden.

Zusätzliche Themen zum Üben:

- **Till als Butler in einem Haus vornehmer Leute:**
  Lasse dir eine Eulenspiegelgeschichte einfallen, in der drei der sechs Redensarten, die auf den Bildern gezeichnet sind, vorkommen!
  Zusätzlich sollen im Text die drei Wörter „Flohmarkt“, „Federschachtel“ und „Blutorangen“, die Till bewusst falsch versteht, eine Rolle spielen!

- **Eulenspiegel als Koch und Kellner in einem Restaurant:**
  Er soll einem Gast als Vorspeise Steinpilzsuppe, als Hauptspeise Spinat mit Spiegelei und als Nachspeise Mohr im Hemd servieren.
  Erklärung: „Mohr im Hemd“ = eine süße Nachspeise
  der Mohr = dunkelhäutiger Mensch
  Baue mindestens drei der im Kästchen angeführten Redensarten in deiner Geschichte ein!

sich nicht länger auf der Nase herumtanzen lassen; sich wie ein Elefant im Porzellanladen verhalten; den Nagel auf den Kopf treffen; jemandem reinen Wein einschenken; alles auf eine Karte setzen; jemandem auf den Zahn fühlen; jemanden auf die Folter spannen; mit dem linken Fuß zuerst aufstehen; die Beine in die Hand nehmen; die Katze aus dem Sack lassen; die Katze im Sack kaufen; jemandem Schimpfwörter an den Kopf werfen; jemandem einen Bären aufbinden; jemandem Beine machen; den Teufel (nicht) an die Wand malen; jemandem den Kopf waschen

- **Eulenspiegel als Verkäufer in einem Hutgeschäft:**
  Er soll die fünf neuen Melonen im Lagerraum auspacken und in der Auslage ausstellen, danach einen neuen Wasserhahn für das Waschbecken im Aufenthaltsraum besorgen, weil der jetzige tropft, und schließlich sechs Schraubenmuttern für das neue Regal kaufen.
  Baue mindestens drei verschiedene Redensarten in deiner Geschichte ein!

Nacherzählung von Sagen

Bei der Nacherzählung einer Sage wird deren **Inhalt in eigenen Worten** wiedergegeben. Sie wird im **Präteritum** (in der Mitvergangenheit) geschrieben und in **Einleitung**, **Hauptteil** und **Schluss** gegliedert.

Der Inhalt der Sage, die du nacherzählen sollst, kann dir auf zweierlei Weise dargeboten werden:

1. Die Sage wird dir vorgelesen. Meist geschieht dies zweimal.
2. Du darfst die Sage selber lesen. Meist steht dir dafür eine gewisse Zeit zur Verfügung – z. B. zehn Minuten. Danach musst du den Text wieder abgeben.

Tipps für das erfolgreiche Erfassen des Inhalts:

Dir wird die Geschichte zweimal vorgelesen.	Du hast zehn Minuten Zeit, die Geschichte selber zu lesen.
• Höre aufmerksam und genau zu! Lasse dich durch nichts ablenken! • Mache dir Notizen: nicht schon während des ersten Vorlesens, sondern zwischen den beiden „Durchgängen“ und während des zweiten Vorlesens! • Versuche nicht, dir die Geschichte wortwörtlich zu merken! Das gelingt dir vielleicht nur bei den ersten zwei bis drei Sätzen. Dann verlierst du den Zusammenhang und erfasst den Inhalt der Geschichte nicht.	• Lies den Text mehrmals langsam, genau und konzentriert durch! • Unterstreiche wichtige Wörter! • Notiere dir danach Stichwörter, bevor du den Text wieder abgeben musst!

Tipps für das Niederschreiben einer Nacherzählung:

- Gib den **Inhalt richtig und möglichst genau** wieder!
- **Erzähle Wichtiges** genau, lasse Unwichtiges weg!
- **Erfinde nichts** dazu!
- Die Nacherzählung kann **etwas kürzer** als der Originaltext ausfallen.
- Erzähle in der richtigen **Reihenfolge**! Teile dazu die Geschichte in Erzählschritte ein!

Was ist ein Erzählschritt?
Ein **Erzählschritt** ist z. B. ein neues Ereignis oder wenn neue Personen/Figuren vorkommen oder der Schauplatz und die Zeit wechseln.
Versuche dir die Erzählschritte in **Bildern zu merken**, wie das z. B. in Bildgeschichten der Fall ist!

- Gliedere in **Absätze**!
- Erzähle lebendig und anschaulich!
  Das heißt:
  Verwende **wörtliche Reden, treffende Verben und Adjektive**!
  Wörtliche Reden, die im Text vorkommen, kannst du übernehmen.

Merkmale und Aufbau einer Sage

1. **Merkmale einer Sage**
   - Sagen sind wie Märchen alte Volkserzählungen. Sie wurden lange Zeit nur mündlich weitergegeben.
   - Sagen erzählen von außergewöhnlichen Ereignissen und Erscheinungen.
   - Im Unterschied zu Märchen werden in Sagen Orte, die wirklich existieren, angegeben.
   - In Sagen wird häufig auf eine bestimmte geschichtliche Zeit hingewiesen.
   - Wie in Märchen kommen aber auch in Sagen neben gewöhnlichen Menschen oft übernatürliche Wesen und Mächte vor: z. B. der Teufel, ein Berggeist, Kobolde, Zwerge und Riesen.
   - Sagen sind spannend erzählte Geschichten, die teilweise recht grausam enden.

2. **Wie Sagen meistens aufgebaut sind:**
   - Einleitung:
     Es wird angegeben, wo und wann sich die Sage zugetragen hat.
   - Hauptteil:
     Menschen stehen vor einem Problem und versuchen es zu lösen.
     Am Höhepunkt der Sage erfährt man, wie die Sache ausgeht.
     Das Schicksal entscheidet sich für oder gegen die Betroffenen.
   - Schluss:
     Man erfährt, was heutzutage noch an die Sage erinnert oder dass außergewöhnliche Ereignisse nun nicht mehr stattfinden.

Beachte: Nicht jede Sage muss alle angeführten Teile aufweisen!

Ü 75

Lies dir die Wiener Sage „Das Zahntuch des lieben Herrgotts“ zweimal leise durch!
Halte danach in deinem Übungsheft kurz stichwortartig fest,
1. **wo und wann sich die Sage zugetragen hat,**
2. **vor welchem Problem die Hauptfigur steht und wie die Sache ausgeht,**
3. **was heute noch an die Sage erinnert!**

Das Zahntuch des lieben Herrgotts

Vor ein paar hundert Jahren ritt einmal ein Junker* um den Stephansdom und sah sich die steinernen Figuren an der Kirchenmauer an.

Als er beim Chor angelangt war, hing da an der Mauer ein steinerner Christus, dem jemand mit einem breiten, rosafarbenen Band Blumen um den Kopf gebunden hatte. Die Blumen aber waren schon heruntergefallen, der leidende Christus trug nur noch das Band um den Kopf, und dieses erinnerte den Junker an ein Zahntuch.

Er musste lachen und sagte: „Herrgott, du schaust ja aus wie ein armer Teufel, der Zahnweh hat!"

Kaum hatte er das gesagt, befiel ihn ein so grässliches Zahnweh, dass ihm der Schweiß ausbrach und die Tränen über die Backen liefen. Es beutelte ihn wie im Fieber und er konnte sich kaum auf dem Pferd halten.

So trabte er nach Hause und legte sich zu Bett. Die Frau des Junkers wollte den Doktor holen lassen, aber der rief: „Mir kann kein Doktor helfen!", und berichtete ihr, was vorgefallen war.

„Das ist schlimm, wenn einer den lieben Herrgott einen armen Teufel nennt", sagte seine Frau. „Aber ich habe es doch nicht böse gemeint!", jammerte der Junker. „Dann musst du ihm das sagen", antwortete die Frau. „Du musst hingehen und dem Herrgott an der Kirchenwand sagen, dass du es nicht böse gemeint hast. Er wird dir schon verzeihen, weiß er doch, was Schmerzen sind."

Der Junker band sich ein dickes Zahntuch um die schmerzende Backe und ritt zurück zum Stephansdom. Dort flüsterte er zu dem steinernen Christus hinauf: „Herrgott, ich habe es nicht böse gemeint!"

Da waren mit einem Schlag seine Zahnschmerzen fort, und er ritt glücklich nach Hause.

Die Geschichte von der wunderbaren Heilung des Junkers verbreitete sich in ganz Wien, und bald nannten die Leute das steinerne Bildnis Christi am Chor von St. Stephan den „Zahnwehherrgott".

Das alles ist, wie gesagt, sehr lange her, aber nicht vergessen. Auch heute noch pilgern immer wieder Menschen mit schrecklichem Zahnweh zum Zahnwehherrgott an der Mauer des Stephansdoms und hoffen inständig, dass ein Wunder geschieht und er ihnen die Schmerzen nimmt.

* ein junger Adeliger (340 W.)

Aus: Friedl Hofbauer: Sagen aus Wien. G&G Verlagsgesellschaft mbH, Wien 2007.

Ü 76

Die Sage „Das Zahntuch des lieben Herrgotts" lässt sich in zehn Erzählschritte einteilen. Leider sind diese im folgenden Text durcheinandergeraten. Bringe sie wieder in die richtige Reihenfolge, indem du sie von 1 bis 10 nummerierst!

Erzählschritte:

☐ Auch heute noch pilgern Menschen mit Zahnweh zum Zahnwehherrgott und hoffen, dass er ihnen hilft.

☐ Sogleich bekam der Junker schreckliches Zahnweh, ritt nach Hause und legte sich ins Bett.

- ☐ Die Frau riet ihm, den steinernen Christus um Verzeihung zu bitten.
- ☐ Der steinerne Christus trug ein Band um den Kopf, das den Junker an ein Zahntuch erinnerte.
- ☐ Ein Junker ritt um den Stephansdom und kam an der Figur des steinernen Christus vorbei.
- ☐ Der Junker musste lachen und meinte, der Herrgott sehe aus wie ein armer Teufel mit Zahnweh.
- ☐ Der Junker wollte nicht, dass seine Frau den Doktor holte, und erzählte ihr, was vorgefallen war.
- ☐ Der Junker ritt noch einmal zum Stephansdom und entschuldigte sich beim Herrgott.
- ☐ Die Geschichte verbreitete sich in ganz Wien und die Leute nannten das steinerne Bild Christi bald „Zahnwehherrgott".
- ☐ Mit einem Schlag waren die Zahnschmerzen verschwunden.

Ü 77

In die folgende Nacherzählung der Sage „Das Zahntuch des lieben Herrgotts" haben sich fünf Fehler eingeschlichen. Finde sie, markiere die Wörter im Text und korrigiere sie!

Nacherzählung: „Das Zahntuch des lieben Herrgotts"

Vor einigen hundert Jahren ritt ein Offizier um den Stephansdom. Als er beim Chor ankam, entdeckte er einen steinernen Christus. Jemand hatte ihm mit einem rosafarbenen Band Kräuter um den Kopf gebunden. Diese aber waren hinuntergefallen. So trug die Figur nur noch das Band. Es erinnerte den Junker an ein Zahntuch und deshalb musste er lachen. Er sagte: „Herrgott, du siehst aus wie ein armer Schlucker mit Zahnweh!"

Sogleich bekam er grauenhaftes Zahnweh und konnte sich kaum mehr auf seinem Pferd halten. Er ritt nach Hause und legte sich ins Bett. Seine Frau wollte den Pfarrer holen, aber ihr Mann meinte: „Mir kann kein Arzt helfen." Schließlich erzählte er ihr, was vorgefallen war und dass er es nicht böse gemeint habe.

Seine Frau gab ihm folgenden Rat: „Geh zum steinernen Herrgott und bitte ihn um Verzeihung! Sag, dass dir leidtut, was du gesagt hast!" Das tat er dann auch. Nachdem er den steineren Christus um Entschuldigung gebeten hatte, waren seine Zahnschmerzen wie weggeblasen. Er ritt glücklich heim.

Schnell verbreitete sich sie Kunde von der wunderbaren Heilung in ganz Linz. Bald nannten die Leute den steinernen Herrgott nur mehr den „Zahnwehherrgott". Auch heute noch kommen Menschen mit Zahnschmerzen in den Stephansdom und hoffen, dass der steinerne Christus ihnen hilft.

(208 W.)

Ü 78

1. **Die folgende Sage aus Vorarlberg weist acht Erzählschritte auf. Lies sie dir gut durch und fasse jeden Erzählschritt in eigenen Worten zusammen! Achte darauf, dass du dafür jeweils nicht mehr als drei Sätze benötigst! Halte dich an das Beispiel in Ü 76!**
2. **Ordne danach jedem Abschnitt der Sage das entsprechende Bild (A bis H) zu! Die Bilder sind unten angeführt.**

Die musizierende Tanne

1. **Erzählschritt → Bild, das zu diesem Abschnitt gehört:**

Ein Jäger ging einmal am Abend auf die Alp Bortnum. In der Nähe der Almhütte sah er ein zausiges, dürres Tannenbäumchen stehen. Um das Bäumchen herum war der Boden in einem Kreis zertrampelt. Der Jäger wusste, dass so ein zertrampelter Kreis nicht von selber kommt, und war neugierig, ob vielleicht das Nachtvolk es war, das in der Nacht hier getanzt hatte.

2. **Erzählschritt → Bild, das zu diesem Abschnitt gehört:**

„Das Nachtvolk möchte ich gern einmal sehen", dachte der Jäger. „Ich werde mich hier niederlegen und so tun, als ob ich schliefe. Aber das Nachvolk ist mir nicht ganz geheuer. Ich suche mir meinen Schlafplatz lieber ein wenig abseits." Der Jäger legte sich also ein wenig abseits und schlief dort wahrhaftig ein, obwohl er hatte wach bleiben wollen.

3. **Erzählschritt → Bild, das zu diesem Abschnitt gehört:**

Um Mitternacht weckte ihn eine seltsame Musik. Er wandte sich vorsichtig zu dem zausigen Bäumchen hinüber, von wo die Musik kam. Da sah er das Nachtvolk.
Es stellte sich unter dem kleinen Tannenbaum zum Tanzen auf, und dann fing die Musik erst richtig an.

4. **Erzählschritt → Bild, das zu diesem Abschnitt gehört:**

Der Jäger sah, dass der kleine Tannenbaum es war, der musizierte. Er bewegte jedes einzelne Ästchen, und auf jedem Ästchen saß eine Flöte oder ein Pfeiflein oder eine Klarinette. Und jedes Ästchen wiegte sich und spielte auf seinem Instrument liebliche Töne. Das Nachtvolk tanzte dazu einen Reigen um das Bäumchen.

5. **Erzählschritt → Bild, das zu diesem Abschnitt gehört:**

Dann tanzten sie wildere Tänze, aber immer manierlich. Paar um Paar trampelten sie fröhlich um das Bäumchen herum.

6. **Erzählschritt → Bild, das zu diesem Abschnitt gehört:**

Da fing auf den Bergen rundum ein großes Miauen an und Katzen kamen von überallher, die hatten jede ein Fässchen Wein an den Schwanz gebunden. Nun begann ein so fröhliches Fest, dass der Jäger am liebsten mitgefeiert hätte. Vielleicht hätten sie ihn sogar eingeladen, wäre er zu ihnen hingegangen. Aber das tat er doch nicht. Nachtvolk ist Nachtvolk und man weiß ja nicht, was passiert, wenn man ihm zu nahe kommt.

7. **Erzählschritt → Bild, das zu diesem Abschnitt gehört:**

Nun saß der Jäger also und schaute und horchte und schlief plötzlich ein.

8. **Erzählschritt → Bild, das zu diesem Abschnitt gehört:**

Als er aufwachte, war es später Morgen, und das Tännlein stand dürr und zausig inmitten des Tanzplatzes und sah aus, als hätte es niemals musiziert.

Aus: Friedl Hofbauer: Sagen aus Vorarlberg. G&G Verlagsgesellschaft mbH, Wien 2007.

A

B

C

D

E

F

G

H

Ü 79

Verfasse nun eine Nacherzählung der Sage „Die musizierende Tanne"!

Formulierungsübung – sich gekonnter, klarer, korrekter ausdrücken

Ü 80

Überarbeite die folgende Nacherzählung der Sage „Der Bettler mit dem Schmalzkübelchen“ aus Vorarlberg! In jedem Abschnitt ist ein anderer Fehler zu finden. Die anschließende Tabelle gibt dir über die Fehler und die Korrekturmöglichkeiten Auskunft.

1. Wo sich heute der Gletscher oberhalb von Brand befindet, ist einst eine prächtige Alm gelegen. Sie hat den Sennern reichen Ertrag an Milch und Käse gebracht, bis eines Tages ein Bettler aufgetaucht ist.
   Er ist auf die Alm gekommen. Mit einem Kübelchen in der Hand hat er die erste Almhütte betreten, gegrüßt und um ein wenig Butterschmalz gebeten. Er hat so arm und hungrig dreingesehen, dass man mit ihm Mitleid hat haben müssen. Die Senner in der Hütte, die gerade gegessen haben, haben ihm aber keine Antwort gegeben.
   So hat er gegrüßt und ist weitergegangen. Bei der zweiten und dritten Sennhütte ist es ihm nicht anders ergangen.
2. Er kam schließlich zu einer Almhütte, in der die Leute schon gegessen hatten.
   Die Sennerin sagte: „Gib her dein Kübelchen, ich will es anfüllen.“ Der Bettler wartete inzwischen vor der Hütte. Die Frau wollte sich einen Spaß erlauben und füllte das Kübelchen mit Kuhmist. Sie schmierte obendrauf gerade so viel Butterschmalz, dass man den Mist darunter nicht sehen konnte. Der Bettler dankte ihr freundlich, sah sie aber sehr traurig an, als hätte er etwas gemerkt. Er ging seines Weges.
   Der Sennerin wurde daraufhin sehr mulmig zumute und sie wollte ihn zurückrufen.
   Er war aber schon verschwunden.
3. Der Mann marschierte Richtung Tal. Er kam zu einer weiteren Hütte am Rande der Alm. In dieser wohnte ein altes Ehepaar. Es empfing ihn freundlich. Es bewirtete ihn gerne. Er machte so ein trauriges Gesicht. Sie fragten ihn: „Was ist denn dir widerfahren?“ Nun erzählte er es ihnen. Er erzählte, wie sich die Sennerinnen und Senner verhalten hatten. Die Alte nahm sogleich sein Kübelchen. Sie wusch es aus. Sie füllte es bis zum Rand mit Butterschmalz.
4. Ihr Mann meinte Gib ihm auch noch einen schönen Käse! Das tat sie.
   Als der Bettler satt war, bedankte er sich bei den beiden und wanderte weiter.
   Die alten Leute sahen ihm nach und bemerkten, dass er plötzlich stehen blieb.
   Er blickte in Richtung Alm, hob einen Finger und sprach so laut, dass man es weithin hören konnte Verflucht seien alle, die sich über einen hungrigen Bettler lustig machen. Verflucht sei die Alm! Sie soll kalt und eisig werden. Ewiges Eis soll von nun an den Gipfel bedecken. Nichts soll mehr dort wachsen! Nach diesen Worten verstummte er und verschwand.
   Die beiden Alten erschraken und sagten zueinander Das war ein rächender Engel oder Gott selber, der ab und zu auf der Erde herumgeht, um nach dem Rechten zu sehen. Lass uns fortgehen, der Fluch ist schrecklich. Sie packten schnell all ihre Habseligkeiten und zogen in das Dorf im Tal.
5. Bald darauf erfüllte sich der Fluch des Bettlers und schwarze Nacht brach herein und auf der Alm tobte es schaurig und kalt und es schneite und schneite und so entstand der Gletscher oberhalb von Brand.

Abschnitt	Fehler	Korrektur
1.	Die falsche Zeitform wird verwendet. Im ersten Teilsatz (Wo sich ... befindet, ...) ist die Gegenwart allerdings richtig!	Verwende statt der Vergangenheit die Mitvergangenheit!
2.	Jeder Satz beginnt mit dem Subjekt. Das wirkt eintönig.	Stelle die Satzglieder in den Sätzen um! Es muss nicht jeder Satz mit dem Subjekt beginnen.
3.	Der Satzbau ist sehr einfach. Es dominieren sehr kurze Sätze.	Verknüpfe einfache Sätze miteinander! Verwende dazu entsprechende Bindewörter! Beispiele für Bindewörter: dass, weil, da, denn, aber, wie, nachdem, bis, als, bevor, obwohl, damit ...
4.	Die Satzzeichen bei wörtlicher Rede fehlen.	Stelle fest, wo die Begleitsätze und wo die wörtlichen Reden sind! Setze die entsprechenden Satzzeichen!
5.	Der Schlussabschnitt besteht aus einem einzigen Satz. Alle Satzteile sind mit „und" verbunden.	Setze das Bindewort „und" sparsam ein! Setze, wo es möglich ist, statt dem Bindewort „und" einen Punkt oder verknüpfe die Satzteile mit anderen Bindewörtern (siehe 3.)!

Ü 81

Wenn du bis jetzt alle Übungen erfolgreich durchgearbeitet hast, sollte dir die folgende Aufgabe keine Probleme machen.
Erzähle die Sage „Die Glocke vom Wörther See" möglichst genau nach!
Beachte die Tipps, die du bisher erhalten hast.
Als Hilfe sind die Erzählschritte am Rand mit kleinen Bildern festgehalten.

Zwei Möglichkeiten:

1. Lies die Sage zweimal genau und konzentriert durch! Dafür hast du zehn Minuten Zeit. Schließe dann das Buch und schreib die Nacherzählung!
2. Lasse dir die Geschichte von einer erwachsenen Person zweimal vorlesen! Schreibe danach die Nacherzählung!

Lege schließlich die von dir verfasste Nacherzählung einer erwachsenen Person zum Kontrollieren vor!
Sie kann Aufbau und Inhalt anhand des 10-Punkte-Rasters, der nach der Sage angeführt ist, beurteilen. Sprecht darüber!

Die Glocke vom Wörther See

1. Wo heute der Wörther See sich ausbreitet, lag in alten Zeiten eine prächtige, mächtige Stadt. Wie die Sage berichtet, ging sie unter, weil ihre Bewohner eitel und hartherzig waren und sich um niemanden sorgten als um sich selber. Zwar gab es auch unter ihnen Menschen, die ihre Mitbürger ermahnten, nicht so selbstsüchtig zu sein, aber alle Mahner wurden aus der Stadt vertrieben.

2. Da kam eines Tages ein unscheinbares, grauhaariges Männlein. Es trug ein kleines Fass mit einem Hahn daran unter dem Arm und sagte: „Ihr müsst euch ändern, sonst öffne ich diesen kleinen Hahn an meinem Fass und dann müsst ihr alle untergehen." Keiner hörte ihm jedoch zu. Da öffnete das Männlein den Hahn an seinem Fässchen, warf dieses zur Erde und verschwand.

3. Nun brachen Wasserfluten aus dem Fässchen und aus dem Himmel. Donner rollte, dass die Berge wankten, und Wasser strömte tagelang aus dem Fässchen und aus dem Himmel. Das Wasser stieg und stieg, und die prächtige, mächtige Stadt versank in den Fluten. Mit ihr versanken viele Orte und Dörfer rings im Land. So entstand der Wörther See.

4. In den See zogen Muscheln und Fische ein, auch Wassermänner und Nixen, die wohnen jetzt unten in den prächtigen Häusern und Palästen der versunkenen Stadt.

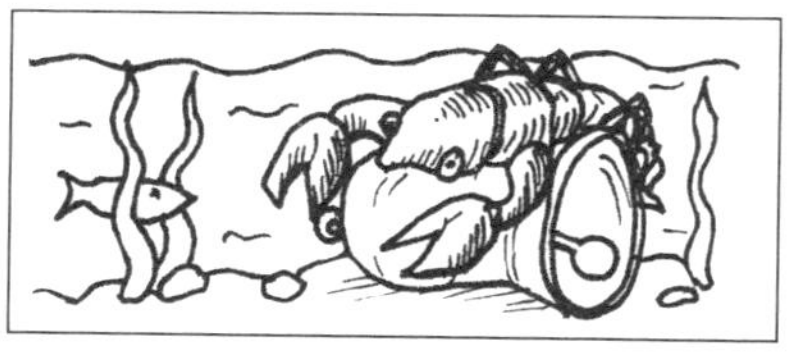

5. Auch die kleine Glocke aus der Kapelle des Schlosses Loretto am Ostufer des Wörther Sees wohnt dort unten. Ein großer Seekrebs hockt auf ihr und bewacht sie. Wie das Glöckchen hineingeraten ist?

6. Es ist selber hineingesprungen. Als nämlich die große Orgel im Schloss zur Reparatur nach Maria Saal gebracht wurde, war das Glöcklein so traurig über den Abschied von der Orgel, dass es vor Kummer in den See sprang. Immer wieder versuchten Taucher, die kleine Glocke heraufzuholen, doch der große Wächterkrebs vertrieb alle.

7. Man erzählt aber, dass im Rosental einmal ein Bauer leben wird, in dessen Stall Zwillingsstiere zur Welt kommen werden. Und die werden das Glöckchen aus dem Wörther See heraus- und auf die Matzen* hinaufziehen.

* gemeint ist der Matzenberg

Aus: Friedl Hofbauer: Sagen aus Kärnten. G&G Verlagsgesellschaft mbH, Wien 2007.

Raster: Beurteilung von Nacherzählungen

	ja	nein
1. Die Sage wurde in der richtigen Reihenfolge nacherzählt.		
2. Nichts Wichtiges wurde weggelassen. Es wurde ausreichend genau nacherzählt.		
3. Es wurde nichts dazuerfunden.		
4. Es wurde in der Mitvergangenheit nacherzählt.		
5. Es wurde mit eigenen Worten nacherzählt.		
6. Wörtliche Reden wurden verwendet.		
7. Satzzeichen bei wörtlicher Rede wurden richtig gesetzt.		
8. Verschiedene Satzanfänge wurden verwendet.		
9. Es kommen keine Wortwiederholungen vor.		
10. Treffende Verben und Adjektive wurden verwendet.		

Zusätzliche Themen zum Üben:

- Erzähle die angeführte Sage „Der Teufel im Krapfenwaldl" nach, nachdem sie dir zweimal von einem Erwachsenen vorgelesen worden ist oder du sie zweimal durchgelesen hast! Fürs Durchlesen hast du nur zehn Minuten Zeit.
  Lege die von dir verfasste Nacherzählung einem Erwachsenen zum Kontrollieren vor! Er kann Aufbau und Inhalt anhand des angeführten 10-Punkte-Rasters beurteilen. Sprecht darüber!

Der Teufel im Krapfenwaldl

Zur Zeit, als noch wandernde Handwerksburschen durch die Welt zogen, um auch in fremden Ländern und bei fremden Meistern etwas zu lernen, saß der Teufel am Rand eines schmalen Waldwegs, der auf den Kahlenberg führte, und hatte eine große Schüssel voll Krapfen auf dem Schoß. Es war Faschingszeit, und die teuflischen Krapfen dufteten weit durch den Wald.

Als der Teufel einen jungen Schlossergesellen den Weg heraufkommen sah, stellte er rasch die Schüssel voll Krapfen mitten auf den Weg und versteckte sich hinter einem Baum. Der Bursche kam näher, und als er mitten auf dem Weg eine Schüssel voll Krapfen stehen sah, überlegte er nicht lange, wer sie dorthin gestellt hatte, setzte sich daneben und aß einen Krapfen nach dem anderen auf.

Kaum war die Schüssel leer, trat ein schwarzes Männlein hinter dem Baum hervor und fragte den Burschen: „Hat's geschmeckt?" „Ja", antwortete der Schlosser, „ich könnte gleich noch eine Schüssel voll Krapfen vertragen." „Kannst du haben", sagte das schwarze Männlein. Und schon stand eine zweite Schüssel voll Krapfen da.

Aber als der Bursche zulangte und zu essen begann, sagte das teuflische Männlein: „Halt, so haben wir nicht gewettet. Die zweite Schüssel Krapfen bekommst du nicht umsonst!" Da wusste der junge Schlosser auf einmal, woran er war, und ihm wurde sehr bang. Er fragte: „Was sollen sie denn kosten, deine Krapfen?" „Nur deine Seele", antwortet das Männlein. „Iss auf, dann geht´s gleich fort in die Hölle!"

Der junge Schlosser aß die teuflischen Krapfen ganz langsam einen nach dem anderen und dachte nach, wie er seine Seele doch noch retten könnte.

Da fiel ihm ein, dass es schon so manchem gelungen war, den Teufel zu überlisten, und er wusste plötzlich, wie er es anfangen sollte.
„Du willst mich nur schrecken“, sagte er zu dem schwarzen Männlein. „In Wirklichkeit bist du ein ganz gewöhnlicher Krapfenbäcker.“ Da war der Teufel beleidigt. „Ich bin der Teufel!“, rief er ärgerlich. „Und ich will deine Seele haben! Iss endlich deine Krapfen auf!“ „Nein“, antwortete der junge Schlosser. „Das kann jeder sagen, dass er der Teufel ist. Beweise es mir, dann darfst du mich holen.“
Der Teufel merkte, dass der junge Bursche eine besonders starke Seele hatte, und wurde ganz gierig danach, sie in die Hölle zu bekommen, und rief unvorsichtig: „Wie soll ich dir denn beweisen, dass ich der Teufel bin?“ „Du musst dich in einen Riesen verwandeln, so groß, dass er über den Kahlenberg spucken kann“, sagte der junge Schlosser. Da fing das kleine Männlein an zu wachsen und wurde so groß wie ein Riese und spuckte über den Kahlenberg. Dann wurde es wieder klein wie zuvor. „Schön“, sagte der Bursche. „Aber groß werden kann bald einer. Halb glaube ich dir schon. Aber jetzt musst du so klein werden wie eine Eichel.“ Der Teufel schrumpfte sich eilig zusammen, bis er so klein war wie eine Eichel. Aber bevor er sich wieder in das schwarze Männchen zurückverwandeln konnte, hatte ihn der junge Schlosser schon mit fester Hand gepackt, in seinen Brotsack gesteckt und diesen fest zugebunden. Dann lief er hinunter nach Grinzing zur nächsten Schlosserwerkstatt, legte den Beutel mit dem eichelgroßen Teufel darin auf den Amboss und hämmert so lang darauf ein, bis der Teufel schrie: „Behalt deine Seele, aber lass mich aus!“ Der junge Schlosser öffnete den Brotsack und der Teufel fuhr laut schimpfend heraus und verschwand.
Die Geschichte vom Schlossergesellen und dem Teufel wurde bald um und um erzählt, und seit damals heißt der Ort im Wald, wo der teuflische Krapfenbäcker mit zwei Schüsseln Krapfen eine Seele fangen wollte, „Krapfenwaldl“.

Aus: Friedl Hofbauer: Sagen aus Wien. G&G Verlagsgesellschaft mbH, Wien 2007.

Lasse dir Sagen von einem Erwachsenen vorlesen und erzähle sie nach!
Du kannst sie auch selber lesen und danach nacherzählen.
Achte darauf, dass du dir dafür nur zehn Minuten Zeit nimmst!
Lege die von dir verfasste Nacherzählung einem Erwachsenen zum Kontrollieren vor!
Er kann Aufbau und Inhalt anhand des angeführten 10-Punkte-Rasters beurteilen.
Sprecht darüber!

Gegenstandsbeschreibung

Eine Gegenstandsbeschreibung informiert **sachlich**, **knapp**, aber **genau** über einen Gegenstand, sodass man ihn sich gut vorstellen kann. Persönliche Wertungen sollen vermieden werden.
Eine Gegenstandsbeschreibung wird im **Präsens** (Gegenwart) verfasst.
Wichtig sind der Einsatz treffender **Eigenschaftswörter** (Adjektive) und die Verwendung entsprechender **Fachbegriffe**.

Bei Verlustanzeigen ist es besonders wichtig, dass man den verlorenen Gegenstand sehr genau beschreibt. Man sollte ihn eindeutig wiedererkennen.

Aufbau einer Gegenstandsbeschreibung

- **Nenne die Art des Gegenstandes**! Du kannst auch angeben, wo sich der Gegenstand befindet bzw. wo du ihn aufbewahrst oder wozu du ihn verwendest!
  Führe bei einer Verlustmeldung an, wo du den Gegenstand verloren hast!
- **Beschreibe Schritt für Schritt** das Aussehen des Gegenstandes:
  - Mache – je nach Gegenstand – Angaben zu Bezeichnung (Type, Name), Form, Größe, Farbe, Muster, Material, eventuell Gewicht und Geruch!
    Informiere dabei auch über besondere Kennzeichen, wie zum Beispiel Markennamen, Ziffern, Aufdrucke, Markierungen, Fehler und Gebrauchsspuren (bei Verlustanzeigen wichtig).
  - Befolge dabei folgende **Reihenfolge**:
    - Beginne mit dem sofort Sichtbaren und gehe dann zu den Einzelheiten über!
    - Beschreibe von außen nach innen, von vorne nach hinten, von links nach rechts, von oben nach unten, von der Mitte zu den Seiten …!
- Am Ende kannst du angeben, welche **Bedeutung** der Gegenstand für dich hat.
- Vergiss nicht, deinen Text in **Absätze zu gliedern**!
  Setze bei jedem Themawechsel einen Absatz!

Ü 82

Lies dir Sonjas Verlustmeldung zweimal durch!
Kreuze danach im unten angeführten Raster an, welche Angaben richtig oder falsch sind!

Ich habe vorgestern meinen Fahrradhelm in der Garderobe liegen gelassen. Hat ihn jemand gesehen?

Er sieht folgendermaßen aus:

Die Außenschale meines Fahrradhelms ist aus hartem Kunststoff und blaugrau-schwarz gestreift. Auf dem mittleren blauen Streifen steht mit schwarzem Stift mein Name – Sonja Eibel – geschrieben. Der Helm weist acht Luftlöcher auf,

zwei davon sind mit Fliegennetzeinsatz versehen. Links und rechts auf der Seite des Helms findet sich die Aufschrift „Bikemaster" mit einem roten Dreieck davor.
Die Außenschale besitzt außerdem an der Vorderseite ein schwarzes Schild, das abnehmbar ist. Am hinteren Teil des Helms befindet sich ein grauer Drehring, mit dem man dessen Größe einstellen kann.
Die Innenschale ist aus schwarzem Hartschaum gefertigt und trägt in der Mitte hinten einen grauen Aufkleber, auf dem unter anderem die Größe – 53 bis 59 cm – und das Gewicht – ca. 290 g – des Helms angegeben sind.
Der vorhandene schwarze Kinnriemen weist einen ebenfalls schwarzen Klickverschluss auf.

Da ich jeden Tag mit dem Fahrrad zur Schule fahre, ist der Helm sehr wichtig für mich. Ohne ausreichenden Kopfschutz fühle ich mich nicht sicher. Ich hoffe sehr, dass mein Fahrradhelm wieder auftaucht.

Wer etwas weiß, meldet sich bitte bei Sonja Eibel in der 2c.

(200 W.)

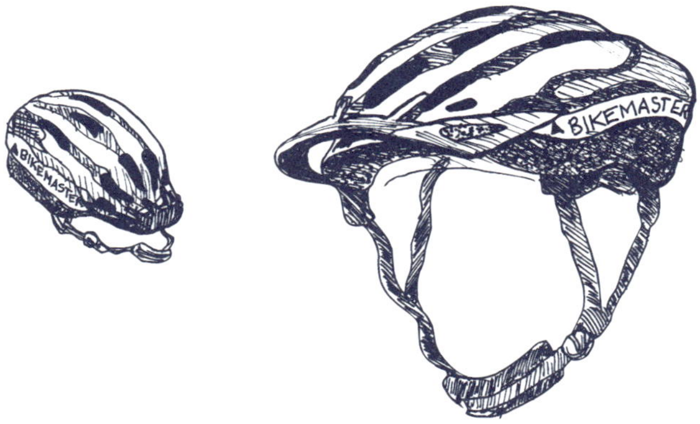

Angaben zu Sonjas Helm:

	richtig	falsch
• Der Fahrradhelm ist ca. 290 g schwer und weist eine Größe von 53 bis 59 cm auf.		
• Der Name der Besitzerin steht auf der Innenseite des Helms.		
• Das rote Schild an der Vorderseite des Helms lässt sich abnehmen.		
• Auf dem Helm findet sich links und rechts an der Seite der Aufkleber „Bikemaster".		
• Der vorhandene Kinnriemen ist blau und weist einen schwarzen Klickverschluss auf.		
• Zwei der insgesamt acht Luftlöcher sind mit einem Fliegennetzeinsatz versehen.		
• Die Außenschale besteht aus blaugrauschwarz gestreiftem Kunststoff, die Innenschale aus schwarzem Hartschaum.		

Ü 83

Unterstreiche alle Adjektive in der Gegenstandsbeschreibung der Verlustanzeige von Ü 82!

Ü 84

Am Inhalt der vorliegenden Gegenstandsbeschreibung lässt sich nichts aussetzen. Die sprachliche Gestaltung ist leider weniger gut gelungen. Viel zu häufig werden nämlich die Hilfsverben „haben“ und „sein“ verwendet. Besser wäre es, treffende Vollverben zu verwenden. Dadurch wird die Gegenstandsbeschreibung anschaulicher.

Schreibe die Gegenstandsbeschreibung neu, indem du die unterstrichenen Hilfsverben „haben“ und „sein“ durch die im Kästchen unterhalb vorgeschlagenen Verben bzw. Formulierungen ersetzt! Beachte auch die vorhandenen Schwarzweißzeichnungen der Geldbörse!

Ich habe eine rote Geldbörse mit einem ein Zentimeter breiten schwarzen Rand. Sie ist 10 mal 12 cm groß, ist zu hundert Prozent aus Polyester und hat auf der Vorderseite groß die schwarze Aufschrift „for you“. Meine Geldtasche hat einen Klettverschluss. Auf der Rückseite hat sie ein Fach, das man mit einem metallfarbenen Zippverschluss verschließen kann. Hier habe ich meine Geldmünzen drinnen. Im aufgeklappten Zustand ist meine Geldtasche 28 mal 12 cm groß. Im Inneren ist ein großes Fach für Geldscheine. Rechts hat sie zwei Ausweisfächer, links ein Fach mit einem transparenten Sichtfenster, in das man ebenfalls einen Ausweis geben kann. In der Mitte sind drei Steckfächer für Kreditkarten oder Ähnliches. Auch im Inneren hat meine Geldbörse eine ein Zentimeter breite schwarze Umrandung.

(134 W.)

misst, besitze, steht, weist … auf, bewahre … auf, befindet sich, sind … angebracht, besteht, ist … versehen, ist … vorhanden, besitzt

Ü 85

Stell dir vor, die in Ü 84 beschriebene Geldbörse gehört deiner Schwester. Sie hat sie aber verloren und verfasst nun eine Verlustmeldung, bei der du ihr hilfst. Sie soll in der Schule ausgehängt werden. Dazu müsst ihr allerdings die vorliegende Gegenstandsbeschreibung (Lösungstext zu Ü 84) durch genaue Angaben über den Inhalt der Geldbörse und weitere Besonderheiten ergänzen!

- **Folgende Angaben sollen eingebaut werden:**
  - 20-Euro-Schein im Geldscheinfach
  - eine 2-Euro-Münze, drei 50-Cent-Münzen und ein kleiner Glücksbringer in Form eines Rauchfangkehrers im Münzenfach
  - zehn Zentimeter langes, in Pfeilform geknüpftes Freundschaftsband in den Farben Rot, Grün und Gelb am Schieber des Reißverschlusses befestigt/angebracht
  - ÖBB-Freifahrtsausweis im Sichtfenster
  - Visitenkarten der beiden besten Freundinnen Barbara Hauer und Beatrix Braun in zwei Steckfächern
- **Beginne die Verlustmeldung auf folgende Weise:**
  Hilfe! Ich vermisse meine Geldbörse!
  Vorgestern habe ich, Magdalena Pauer, Schülerin der 2a, meine Geldbörse vermutlich in der Schule verloren. Vielleicht hat sie jemand gefunden.
  Sie sieht folgendermaßen aus:
  Meine Geldbörse ist rot und besitzt einen ein Zentimeter breiten schwarzen Rand.
  …
- **Beende deine Verlustmeldung auf folgende Weise:**
  Der ehrliche Finder/Die ehrliche Finderin bekommt auch eine kleine Belohnung.
  Melde dich bei mir in der Klasse!
  Magdalena Pauer (2a)

Zusätzliche Themen zum Üben:

- Beschreibe dein Federpennal! Mache genaue Angaben zu Aussehen (innen und außen), Form und Größe, Farbe und Muster, Verschluss, Farbe und Anzahl der Gummischlaufen, Inhalt! Erwähne besondere Kennzeichen! Beachte die Formulierungshilfen im Kästchen!

besteht aus reißfestem, pflegeleichtem Polyester/Nylon – mit verstärkter Einfassung – außen gepolstert – auf der Oberseite/Vorderseite befindet sich – ein ... ist aufgenäht – auf der Unterseite/Rückseite ist zu sehen/ist angebracht – bestehend aus zwei/drei Ebenen – mit einem Reißverschluss zu öffnen, der um die beiden Breitseiten und die Längsseite führt – mit einer Reißverschlussschlaufe – das Innere ist mit Stoff gefüttert – hier finde ich mein Schreibzeug/sind meine Stifte, ... untergebracht – mit Buntstiften, ... bestückt – stecken Stifte in den elastischen Gummilaschen/Gummischlaufen – es gibt kleinere und größere Laschen/Schlaufen – mit einer/zwei zusätzliche(n) Innenklappe(n) – in einem kleinen Täschchen/Fach mit Druckknopf bewahre ich ... auf – ein Extrafach mit Transparentfenster für den Stundenplan

- Beschreibe dein Fahrrad! Mache genaue Angaben zu Aussehen, Form, Größe und Farbe! Erwähne besondere Kennzeichen! Als Hilfe sind im Kästchen die wichtigsten Teile eines Rades angeführt.

Speichen – Sattel – Lenker – Klingel – Vorderlicht – gelbe Seitenrückstrahler – Hinterradbremse – Vorderradbremse – weißer Frontrückstrahler – gelbe Tretstrahler – rotes Rücklicht – Gepäckträger – Dynamo – roter Rückstrahler – Pedale – Gangschaltung – Rahmen – Kette

- Turnsackerl sucht Besitzer/Besitzerin!
  Von seinem Besitzer/seiner Besitzerin schmählich vergessen, hängt ein einsames Turnsackerl samt Inhalt an einem Haken in der Turnsaalgarderobe.
  Auf eigene Faust versucht es, seinen Besitzer/seine Besitzerin zu finden und verfasst eine Verlustanzeige. Darin beschreibt es sich selbst und seinen Inhalt.

- Du hast dein Lieblingsstofftier, das dir bei der Mathematik-Schularbeit Glück gebracht hat, wahrscheinlich in der Schule verloren. Schreibe eine Verlustanzeige, die du an einer Informationstafel in der Schulaula aufhängen willst!

- Du hast dein Handy verloren. Schreibe eine Verlustanzeige, in der du das verlorene Mobiltelefon beschreibst!

- Beschreibe deine Schultasche/deinen Schulrucksack! Mach genaue Angaben zu Aussehen (innen und außen), Form, Größe, Farbe, Muster, Verschluss und Inhalt! Erwähne besondere Kennzeichen!

Koch- und Bastelanleitung

Koch- und Bastelanleitungen sind sogenannte **Vorgangsbeschreibungen**.
Jederzeit wiederholbare Vorgänge werden **sachlich**, **knapp**, aber **genau** beschrieben.
Die einzelnen **Arbeitsschritte** müssen in genauer zeitlicher Abfolge wiedergegeben werden.

Aufbau einer Koch- und Bastelanleitung

Einleitung:
Material und Zutaten bzw. Werkzeug und evtl. Geschirr werden angeführt.
Das heißt, man erfährt, was für die Herstellung bzw. Zubereitung notwendig ist.

Hauptteil:
Die einzelnen Arbeitsschritte werden genau beschrieben.
Es wird Schritt für Schritt erklärt, was zu machen ist.

Schluss:
Das Ergebnis wird angegeben und bewertet.

Um zu vermeiden, dass du zu oft „dann" verwendest, hier eine Liste von Wörtern, die du ebenfalls verwenden kannst:
zunächst, zu Beginn, vorerst, nachdem, am Beginn, zuerst, nun, danach, hierauf, abermals, schließlich, jetzt, immer, anschließend, um … zu, selbstverständlich …

Sowohl Koch- als auch Bastelanleitungen können auf unterschiedliche Weise verfasst werden:

- **in der „man"-Form:**
  Beispiel: Man nimmt ein Blatt Papier der Größe A4 und faltet es in der Mitte.
- **im Passiv:**
  Beispiel: Ein Blatt Papier der Größe A4 wird zur Hand genommen und in der Mitte gefaltet.
- **im Imperativ (Befehlsfom):**
  Beispiel: Nimm ein Blatt Papier der Größe A4 und falte es in der Mitte!
- **im Infinitiv (Nennform):**
  Beispiel: Ein Blatt Papier der Größe A4 zur Hand nehmen und in der Mitte falten.

Aktiv und Passiv

Das **gleiche Geschehen** kann auf **verschiedene Weise** dargestellt werden.
Einmal wird der „Verursacher" hervorgehoben, einmal der **„Betroffene"**.

Aktiv: Leonie [**S** (Subjekt)] („Verursacher") wäscht den Paprika [**O4** (Objektergänzung im 4. Fall)] („Betroffener").

Passiv: Der Paprika [**S** (Subjekt)] („Betroffener") wird von Leonie [Vorwortergänzung] („Verursacher") gewaschen.

Der Paprika [**S** (Subjekt)] wird gewaschen.

Im Passiv-Satz wird das Objekt zum Subjekt.
Das Subjekt des Aktiv-Satzes fällt im Passiv-Satz meist weg.

- Das **Passiv** wird mit **„werden"** und dem **2. Mittelwort** gebildet.

  Beispiele: Der Apfel **wird geschält**. Der Kuchen **wird gebacken**.

- Es gibt zwei Arten des Passivs:
  das **Vorgangspassiv** („werden"-Passiv) und das **Zustandspassiv** („sein"-Passiv).

  Beispiele:

Vorgang	**Zustand**
Der Apfel **wird geschält**.	Der Apfel **ist geschält**.
Der Kuchen **wird gebacken**.	Der Kuchen **ist gebacken**.

Ü 86

Übertrage die angeführten Sätze ins Vorgangs- und Zustandspassiv!
Das Subjekt des Aktiv-Satzes kannst du weglassen!

Beispiel:
Die Köchin schneidet das Fleisch auseinander. (Aktiv)
Das Fleisch wird auseinandergeschnitten. (Vorgangspassiv)
Das Fleisch ist auseinandergeschnitten. (Zustandspassiv)

Aktiv

1. Mein Vater zerkleinert die Nüsse.
2. Maria schlägt einen Nagel in das Brett ein.
3. Simon klebt die beiden Papierenden zusammen.
4. Oma bestreicht das Backblech mit Butter.
5. Felicitas biegt den Draht zurecht.
6. Simone öffnet die Konservendose.
7. Felix sägt das Brett in der Mitte auseinander.
8. Onkel Hans salzt den Fisch.

Vorgangspassiv	Zustandspassiv
1.	1.
2.	2.
3.	3.
4.	4.
5.	5.
6.	6.
7.	7.
8.	8.

Imperativ

Der **Imperativ** ist die **Befehlsform** und **wird mit dem Stamm des Verbs gebildet** (Schneid!). Man kann an den Stamm auch die Endung **-e** hängen (Schneide!). Um die Mehrzahl zu bilden, hängt man die Endung **-t** an (Schneidet!).

Ü 87 **Bilde jeweils den Imperativ Singular (Einzahl) und den Imperativ Plural (Mehrzahl)!**

Infinitiv	Imperativ Singular	Imperativ Plural
kochen	Koch! Koche!	Kocht!
backen		
braten		
mixen		
pürieren		
umrühren		
belegen		
zerkleinern		
reiben		
pfeffern		
bestreichen		

Kochanleitungen

Ü 88

1. **Unterstreiche in den vier unterschiedlichen Vorgangsbeschreibungen zu ein und demselben Rezept alle Verben (Zeitwörter)!**
2. **Gib an, in welcher Form jeweils die Zubereitung verfasst ist! Schreibe die richtigen Buchstaben in die rosa Kästchen!**

A in der „man"-Form; B im Passiv; C im Imperativ; D im Infinitiv

Bananensplit:

Zutaten: für 3 Portionen
3 Bananen, 3 Esslöffel Zitronensaft, ¼ Liter Schlagobers, 1 Packung Vanillezucker, 300 g Vanilleeis, 30 g Schokoladensoße, 30 g Mandelsplitter

Zubereitung:

Die Bananen werden geschält, der Länge nach durchgeschnitten und sofort mit frischgepresstem Zitronensaft beträufelt, damit sie nicht braun werden. Danach wird Schlagobers mit Vanillezucker mit einem Handmixer steif geschlagen und in einen Spritzsack mit Sternaufsatz gefüllt. Nun wird auf jeden Dessertteller ein großer Tupfen Schlagobers gespritzt. Links und rechts davon wird je eine Kugel Vanilleeis gesetzt. Die Bananenhälften werden als Umrandung um das Schlagobers gelegt. Schließlich wird Schokoladensoße über die Bananen, das Vanilleeis und das Schlagobers geträufelt. Abschließend wird der Bananensplit mit Mandelsplittern bestreut und am besten mit Kuchengabeln und Teelöffeln serviert.

Schäle die Bananen, schneide sie der Länge nach durch und beträufle sie sofort mit frischgepresstem Zitronensaft, damit sie nicht braun werden! Schlage danach mit einem Handmixer das Schlagobers mit dem Vanillezucker steif und fülle es in einen Spritzsack mit Sternaufsatz! Spritze nun auf jeden Dessertteller einen großen Tupfen Schlagobers! Setze links und rechts davon je eine Kugel Vanilleeis! Lege die Bananenhälften als Umrandung um das Schlagobers! Träufle schließlich Schokoladensoße über die Bananen, das Vanilleeis und das Schlagobers! Bestreue abschließend den Bananensplit mit Mandelsplittern und serviere ihn am besten mit Kuchengabeln und Teelöffeln!

Bananen schälen, der Länge nach durchschneiden und sofort mit frischgepresstem Zitronensaft beträufeln, damit sie nicht braun werden. Danach mit einem Handmixer Schlagobers mit Vanillezucker steif schlagen und in einen Spritzsack mit Sternaufsatz füllen. Nun auf jeden Dessertteller in die Mitte einen großen Tupfen Schlagobers spritzen. Links und rechts davon je eine Kugel Vanilleeis setzen. Die Bananenhälften als Umrandung um das Vanilleeis und das Schlagobers legen. Schließlich Schokoladensoße über die Bananen, das Vanilleeis und das Schlagobers träufeln. Abschließend den Bananensplit mit Mandelsplittern bestreuen und am besten mit Kuchengabeln und Teelöffeln servieren.

Man schält die Bananen, schneidet sie der Länge nach durch und beträufelt sie sofort mit frischgepresstem Zitronensaft, damit sie nicht braun werden. Danach schlägt man das Schlagobers mit Vanillezucker mit einem Handmixer steif und füllt es in einen Spritzsack mit Sternaufsatz. Nun spritzt man auf jeden Dessertteller einen großen Tupfen Schlagobers. Links und rechts davon setzt man je eine Kugel Vanilleeis. Die Bananenhälften legt man als Umrandung um das Schlagobers. Schließlich träufelt man Schokoladensoße über die Bananen, das Vanilleeis und das Schlagobers. Abschließend bestreut man den Bananensplit mit Mandelsplittern und serviert ihn am besten mit Kuchengabeln und Teelöffeln.

Ü 89

Die angeführte Kochanleitung ist im Infinitiv geschrieben. Forme sie um in eine Kochanleitung in der „man"-Form, im Passiv und im Imperativ (Einzahl)! Schreibe in dein Übungsheft!

Toast Hawaii

Zutaten: für vier Portionen
4 Scheiben Toastbrot, 4 dünne Scheiben Toastschinken,
4 Scheiben Ananas aus der Dose, 4 Scheiben Schmelzkäse, 4 Messerspitzen Butter

Zubereitung:
Toastscheiben im Toaster leicht vortoasten und danach dünn mit Butter bestreichen. Danach je eine Scheibe Schinken auf die Toastbrote verteilen. Darauf je eine Scheibe Ananas legen und das Ganze mit einer Scheibe Schmelzkäse abdecken. Die Hawaiitoasts auf einem mit Backpapier versehenen Backblech in das auf 180 Grad vorgeheizte Backrohr schieben und überbacken. Hawaiitoasts aus dem Backrohr nehmen, wenn der zerlaufene Käse eine leichte Bräunung aufweist, und auf Tellern servieren.

Ü 90

Wortschatzübung: Tätigkeiten beim Kochen
In den Wortschlangen finden sich Nennformgruppen, die Tätigkeiten beim Kochen angeben. Schreibe sie auf die freien Zeilen auf!

KarottenschälenPaprikawürfelschneidenEiklarmitdemMixerzuSchneeschlagen

EieraufschlagenEiklarundDottertrennenDotterundZuckerschaumigrühren

dieMilchaufkochenlassendasBackblechinsRohrschiebendenTeigkneten

denAuflaufgoldbraunbackendasFleischaufbeidenSeitenanbratenZwiebelstückeanrösten

GemüsedünstenNudelnbissfestkochendasGulaschkräftigwürzenEierversprudeln

Ü 91 **Verfasse mit Hilfe der vorliegenden Zeichnungen ein Rezept für Palatschinken für 4 Personen! Gliedere nach Zutaten und Zubereitung! Schreibe zwei verschiedene Varianten („man"-Form oder Passiv oder Imperativ oder Infinitiv) in dein Übungsheft!**

Zusätzliche Themen zum Üben:

- Verfasse mit Hilfe der vorliegenden Zeichnungen ein Rezept für eine Zucchinisuppe für 4 Personen! Gliedere nach Zutaten und Zubereitung! Schreibe zwei verschiedene Varianten („man"-Form, Passiv, Imperativ, Infinitiv) in dein Übungsheft!

Hier als kleine Hilfe die Kochanleitung im Infinitiv!
Aber nur für den Fall, dass dir die Aufgabe etwas zu schwierig ist!

Zutaten:
2 mittelgroße Zucchini, 1 mittelgroße Zwiebel, 1 Knoblauchzehe, 1 Esslöffel Öl, 3/4 l Wasser, 1 Gemüsesuppenwürfel, Salz, Pfeffer, 1/8 l Schlagobers

Zucchinisuppe:
Zwei mittelgroße Zucchini waschen und würfelig schneiden. Eine mittelgroße Zwiebel und eine Zehe Knoblauch schälen und grob hacken. Zwiebelstücke in einem Esslöffel Öl in einem Suppentopf kurz anrösten, geschnittene Zucchini dazugeben und mit 3/4 Liter Wasser aufgießen. Mit einem Gemüsesuppenwürfel, Salz und Pfeffer würzen. Suppe ca. zehn Minuten zugedeckt kochen lassen und danach mit einem Pürierstab pürieren. Mit 1/8 Liter Schlagobers verfeinern und noch einmal abschmecken.

- Verfasse eine Kochanleitung für dein Lieblingsrezept – gegliedert nach Zutaten und Zubereitung!
- Verfasse eine lustige Kochanleitung für eine „Hexenspeise" – gegliedert nach Zutaten und Zubereitung! Die „Hexenspeise" muss nur für eine zünftige Hexe genießbar sein.

Bastelanleitungen

Ü 92

Welcher Arbeitsschritt passt in der folgenden Bastelanleitung zu welchem Bild? Ordne die Nummern der Bilder den Arbeitsschritten zu! Schreibe sie in die rosa Kästchen!

Ein Windlicht basteln

Material:
1 Marmeladenglas, ein Teelöffel Kleisterpulver, 1 leeres Glas, 1 Löffel zum Umrühren, 1 Borstenpinsel, verschiedenfarbiges Transparentpapier, 1 Teelicht

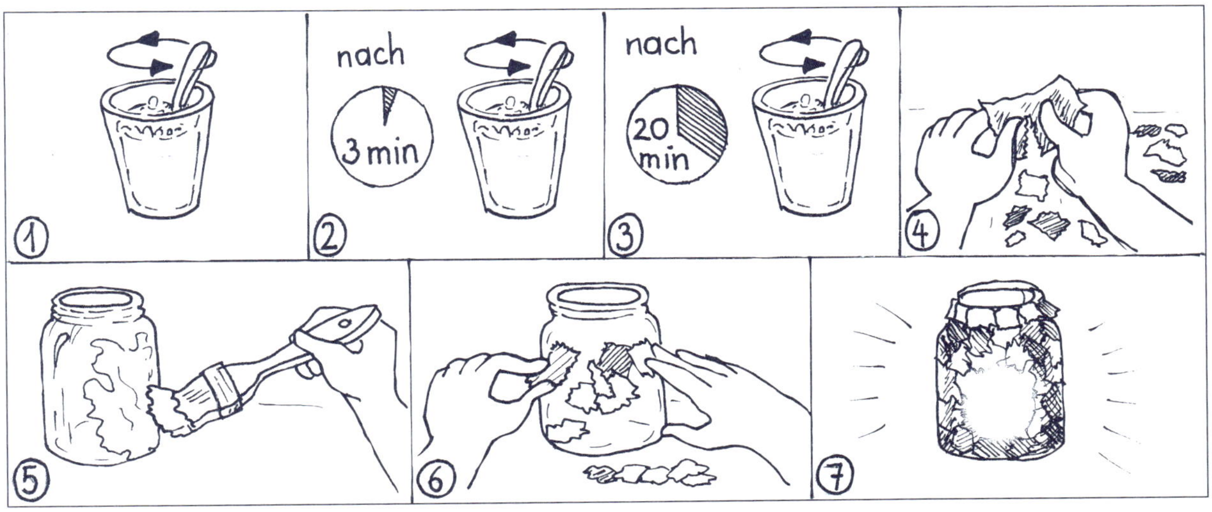

- ☐ Kleister nach drei Minuten noch einmal umrühren.
- ☐ Ein Marmeladenglas mit einem Borstenpinsel mit Kleister bestreichen.
- ☐ Einen Teelöffel Kleisterpulver in ein Glas Wasser geben und umrühren.
- ☐ Teelicht in Windlicht stellen. Fertig!
- ☐ Zwischen Arbeitsschritt 2 und 3 verschiedenfarbiges Transparentpapier in viele unterschiedlich große Stücke reißen.
- ☐ Kleister 20 Minuten stehen lassen und ihn dann noch einmal umrühren.
- ☐ Die Transparentpapierstücke auf das Glas kleben. Sie können auch übereinandergeklebt werden.

Ü 93

Lies dir folgende Bastelanleitung zum Windlicht durch! Sie ist in der „man"-Form verfasst! Forme sie in eine Anleitung im Passiv und im Imperativ (Einzahl) um und schreibe sie in dein Übungsheft!

Man gibt einenTeelöffel Kleisterpulver in ein Glas Wasser und rührt um.
Nach drei Minuten macht man das erneut. Dann lässt man den Kleister stehen und rührt schließlich nach 20 Minuten noch einmal um. In der Zwischenzeit reißt man verschiedenfarbiges Transparentpapier in viele unterschiedlich große Stücke.
Schließlich bestreicht man mit einem Borstenpinsel das Marmeladeglas mit Kleister und klebt die Transparentpapierstücke darauf. Man kann sie auch übereinanderkleben.
Zum Abschluss stellt man ein Teelicht in das Glas.
Fertig ist das Windlicht, das sich als kleines Geschenk für alle Anlässe eignet.

Ü 94 **Verfasse ausgehend von der angeführten Materialliste und den Bildern, die die Arbeitsschritte in der richtigen Reihenfolge zeigen, eine Bastelanleitung für ein Gespenst! Schreibe zwei verschiedene Varianten („man"-Form oder Passiv oder Infinitiv oder Imperativ)!**

Ein Gespenst basteln

Material:

1 altes weißes Leintuch oder einen anderen weißen Stoff in der Größe von 40 mal 40 cm, ein paar alte Socken als Füllung, 1 Schere, 1 Filzstift, 1 Bindfaden

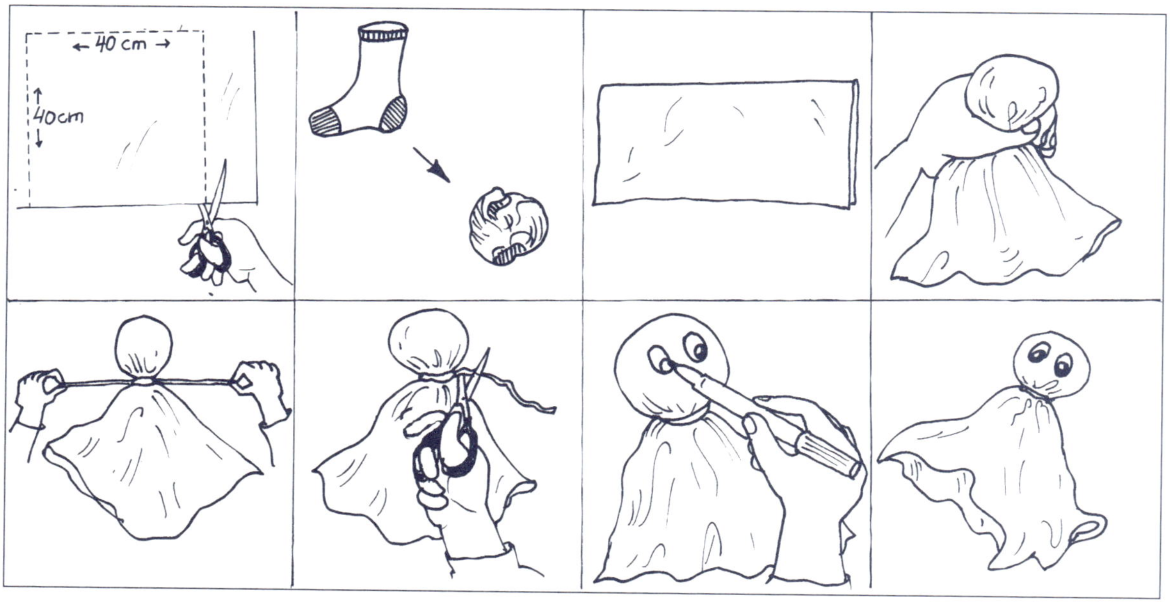

Zusätzliches Thema zum Üben:

Verfasse eine Bastelanleitung für ein Minigewächshaus. Schreibe zwei verschiedene Varianten („man"-Form oder Passiv oder Infinitiv oder Imperativ) in dein Übungsheft! Führe am Schluss an, warum du dir ein Minigewächshaus anlegen möchtest und wo du es aufstellst!

Minigewächshaus

Du brauchst dazu:
ein großes Glas,
etwas Holzkohle,
Rindenmulchstücke,
Steine, Schneckenhäuser
und ein paar Pflanzen

1) Kieselsteine 2) Holzkohle 3) Erde (max. 5 cm)

Tipp: Die Erde hältst du am besten mit Wasser aus einem Zerstäuber feucht.

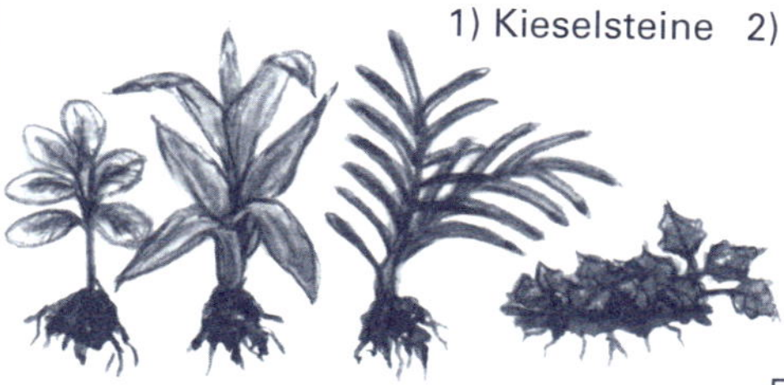

4) Pflanzen einsetzen.

5) Mit Steinen, Schneckenhäusern und Rindenstücken dekorieren.

Aus: Christine Rettl, Susanne Riha: Mein großes Naturbuch aus Österreich. G&G Verlagsgesellschaft mbH, Wien 2008.

Spielanleitung

Wie Koch- und Bastelanleitungen sind auch Spielanleitungen sogenannte **Vorgangsbeschreibungen**. Dabei wird genau angeführt, welches **Spielmaterial** man benötigt und welche **Spielregeln** zu befolgen sind. Damit es zu keinen Unklarheiten kommt, sollten die Angaben eindeutig und klar sein.

Aufbau einer Spielanleitung

- **Anzahl und Alter** der Spieler/Spielerinnen, **Spieldauer und Spielmaterial** werden angegeben.
- Es wird angeführt, was für die **Spielvorbereitung** notwendig ist.
- Der **Verlauf des Spiels** wird schrittweise, in der richtigen Reihenfolge beschrieben. Es wird erklärt, wann das Spiel zu Ende ist bzw. wann wer gewonnen hat.

Spielanleitungen werden im **Präsens (Gegenwart)** und in **vollständigen Sätzen** verfasst. Wie Koch- und Bastelanleitungen können Spielanleitungen im **Passiv**, in der **„man"-Form** oder im **Imperativ** verfasst sein.
Beispiele dazu findest du im Kapitel Koch- und Bastelanleitungen.

Ü 95 **Lies dir die Anleitung zum Würfel- und Zeichenspiel „Der Hirschkäfer" gut durch! Beantworte danach die im Anschluss angeführten Fragen! Schreibe auf die Zeilen!**

Der Hirschkäfer

Ein Würfelspiel
Anzahl der Spieler/Spielerinnen: 2 bis 6
Alter: 5 bis 99
Dauer des Spiels: 10 bis 15 min

Material:
1 Würfel, für jeden Spieler/jede Spielerin ein Blatt Papier, Stifte

Spielvorbereitung:
Jeder Spieler/jede Spielerin bekommt einen Stift und ein leeres Blatt Papier, auf das er/sie im Laufe des Spiels seinen Hirschkäfer zeichnet. Damit alle wissen, wie dieser aussehen soll, zeichnet der Spielleiter/die Spielleiterin das Insekt auf ein Blatt Papier und legt es in die Mitte des Tisches. Er/Sie erklärt die Zeichnung.

Spielverlauf:
Es wird reihum im Uhrzeigersinn gewürfelt, wobei der jüngste Spieler/die jüngste Spielerin beginnt. Als Erstes muss der Bauch des Käfers gezeichnet werden. Das darf man erst, wenn man einen Einser würfelt. Danach muss der Kopf gezeichnet werden. Dafür braucht man einen Zweier. Sind bereits der Kopf und der Bauch auf dem Blatt Papier vorhanden, darf man in den folgenden Runden den Körper des Käfers in beliebiger Reihenfolge weiterzeichnen. Bei einem Dreier zeichnet man eine Zange, bei einem Vierer ein Vorderbein, bei einem Fünfer ein mittleres Bein und bei einem Sechser ein Hinterbein. Sieger/Siegerin ist, wer seinen Käfer fertig gezeichnet hat. Das Spiel ist zu Ende, wenn

dies auch noch einem zweiten Spieler/einer zweiten Spielerin gelingt. So lange wird weitergespielt.

Fragen zur Spielanleitung:

1. Name und Art des Spiels:

___

2. Anzahl der Spieler/Spielerinnen:

___

3. Spielgegenstände/benötigtes Material:

___

4. Was muss man tun, bevor das Spiel beginnt?

___

___

5. Wer fängt an?

___

6. Wie beginnt das Spiel?

___

7. Was müssen die Spieler und Spielerinnen tun? Worauf kommt es bei dem Spiel an?

___

8. Was muss während des Spiels beachtet werden?

___

___

___

___

___

9. Wer ist Sieger/Siegerin?

___

10. Wann endet das Spiel?

___

___

Ü 96

Erfinde dein eigenes „Smiley"-Würfelspiel und ergänze die angeführte Vorlage für die Anleitung, von dem der Spielplan vorliegt! Achte darauf, dass die in Ü 95 angeführten Fragen eindeutig beantwortet werden! Spiele danach das Spiel!

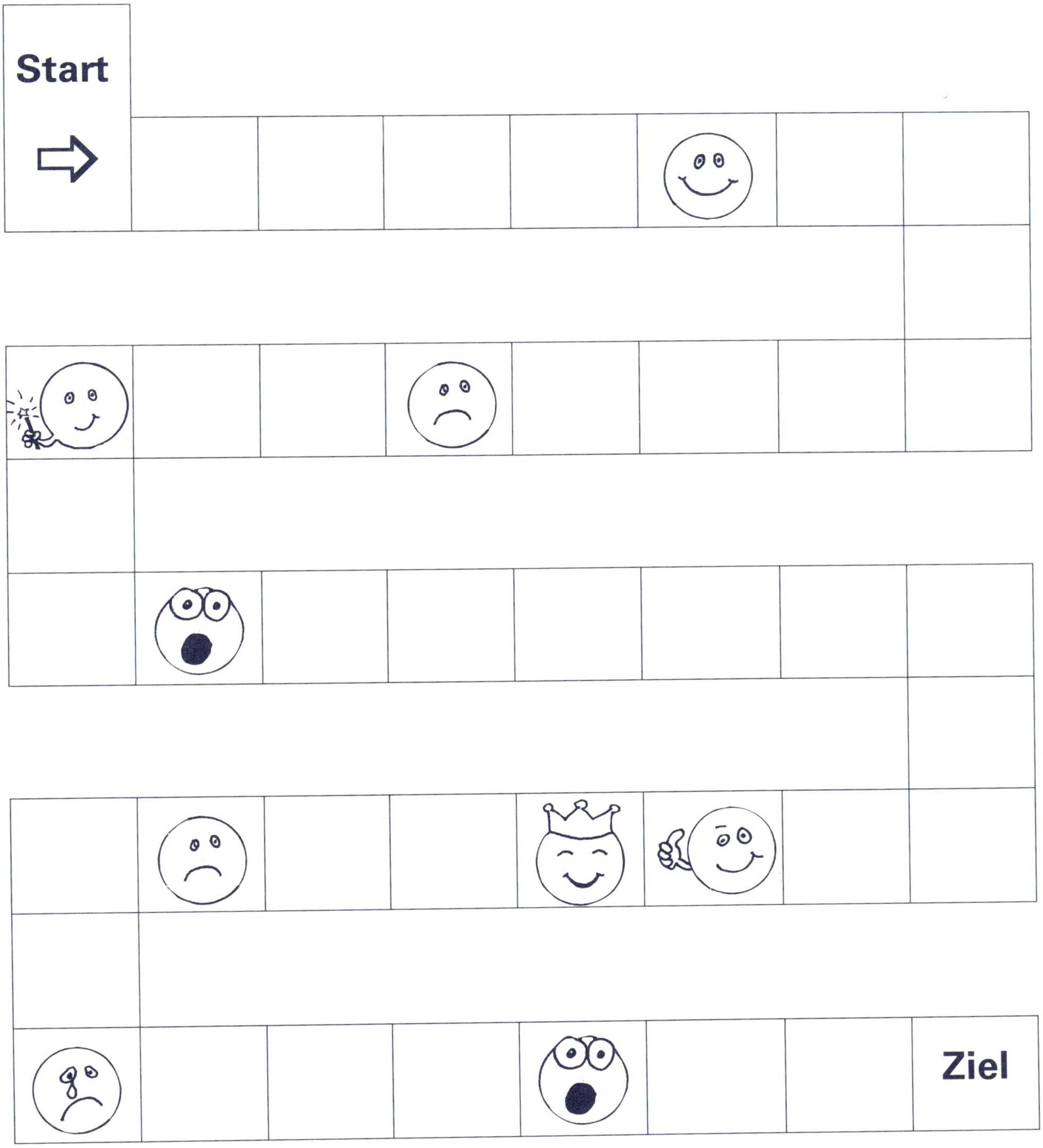

Das „Smiley"-Würfelspiel

Anzahl der Spieler/Spielerinnen: ____________

Alter: ____________

Spieldauer: ____________

Spielmaterial: ______________________________

____

Spielvorbereitung: ______________________________

____

____

Spielverlauf: ______________________________

____

____

____

____

____

____

____

Felder, auf denen Smileys zu sehen sind, sind sogenannte Aktionsfelder und bedeuten Folgendes:

	Der Spieler/die Spielerin darf noch einmal würfeln und die gewürfelte Augenzahl weiterziehen.

Spielende: Wer zuerst im Ziel ankommt, ist Sieger/Siegerin. Damit endet auch das Spiel.

Ü 97

Das Fangspiel „Versteinerte Hexe“:
Bringe die Sätze der Spielanleitung wieder in die richtige Reihenfolge, indem du sie von 1 bis 9 nummerierst!

- Nach dem Startsignal geht es los.
- Abgeschlagene Spieler und Spielerinnen sind „versteinert“ und müssen sich an Ort und Stelle mit weit gegrätschten Beinen hinstellen.
- „Versteinerte Hexe“ ist ein Fangspiel und kann sowohl im Turnsaal als auch im Freien, auf einem genau abgegrenzten Spielfeld, gespielt werden.
- Passiert dies, dürfen sie wieder mitspielen.
- Sie können sich entweder freiwillig melden oder werden nach bestimmten Gesichtspunkten (Farbe des T-Shirts, Anfangsbuchstaben des Vornamens …) ausgesucht.
- Die Fänger und Fängerinnen, die ca. ein Viertel bis ein Drittel der Gesamtanzahl der Spieler und Spielerinnen ausmachen sollten, werden mit Schleifen gekennzeichnet.
- Sie dürfen nicht mehr weiterlaufen, können allerdings „erlöst“ werden, indem nicht abgeschlagene Spieler und Spielerinnen durch ihre gegrätschten Beine kriechen.
- Das Spiel ist zu Ende, wenn alle Spieler und Spielerinnen „versteinert“ sind.
- Nun versuchen die Fänger und Fängerinnen, die anderen abzuschlagen.

Ü 98

Hier findest du nun die Sätze der Anleitung zum Spiel „Versteinerte Hexe“ in der richtigen Reihenfolge.
Unterstreiche alle Prädikate, die passive Verbformen (2. Mittelwort + werden/sind) aufweisen! Genauere Informationen zum Passiv findest du im Kapitel „Koch- und Bastelanleitungen“.

„Versteinerte Hexe“ ist ein Fangspiel und kann sowohl im Turnsaal als auch im Freien, auf einem genau abgegrenzten Spielfeld, gespielt werden. Die Fänger und Fängerinnen, die ca. ein Viertel bis ein Drittel der Gesamtanzahl der Spieler und Spielerinnen ausmachen sollten, werden mit Schleifen gekennzeichnet.
Sie können sich entweder freiwillig melden oder werden nach bestimmten Gesichtspunkten (Farbe des T-Shirts, Anfangsbuchstaben des Vornamens …) ausgesucht.
Nach dem Startsignal geht es los.
Nun versuchen die Fänger und Fängerinnen, die anderen abzuschlagen.
Abgeschlagene Spieler und Spielerinnen sind „versteinert“ und müssen sich an Ort und Stelle mit weit gegrätschten Beinen hinstellen.
Sie dürfen nicht mehr weiterlaufen, können allerdings „erlöst“ werden, indem nicht abgeschlagene Spieler und Spielerinnen durch ihre gegrätschten Beine kriechen.
Passiert dies, dürfen sie wieder mitspielen.
Das Spiel ist zu Ende, wenn alle Spieler und Spielerinnen „versteinert“ sind.

Ü 99 **Beschreibe nun die Regeln eines einfachen Fangspiels, das du aus dem Sportunterricht kennst!**

Ü 100 **Mit Manuels angeführter Anleitung zum Spiel „Merkball" war seine Deutschlehrerin nicht ganz zufrieden. Sie hätte sich eine genauere Beschreibung des Spiels gewünscht. Überarbeite seinen Text und schreibe ihn in dein Übungsheft!**
Arbeite die Antworten auf die unten angeführten Fragen in die Spielanleitung ein! Dadurch wird sie informativer.

„Merkball" ist ein Ballspiel und wird im ganzen Turnsaal gespielt. Jeder spielt gegen jeden. Wird ein Spieler abgeschossen, so muss er das Spielfeld verlassen, sich aber merken, wer ihn abgeschossen hat. Wird dieser nämlich getroffen, so darf er wieder aufs Spielfeld gehen und mitspielen.

Fragen:

- Wie viele Spieler und Spielerinnen können am Spiel teilnehmen?
- Mit wie vielen Bällen wird gespielt?
- Welcher Ball bzw. welche Bälle werden verwendet?
- Wann ist das Spiel zu Ende?
- Wie weit darf mit dem Ball in der Hand gelaufen werden?
- Wohin genau gehen Spieler/Spielerinnen, die abgeschossen worden sind?
- Ist es erlaubt, dass sich Spieler/Spielerinnen den Ball gegenseitig zupassen?

Zusätzliche Themen zum Üben:

- Verfasse eine Spielanleitung für ein Lauf- oder Ballspiel, das du gerne im Sportunterricht spielst! Beschreibe das Spiel genau!
  Achte auf eine klare Gliederung und vollständige Angaben!
  Jemand, der das Spiel nicht kennt, sollte es anhand deiner Angaben klar verstehen.
- Verfasse eine Spielanleitung für „Tischfußball"!
  Achte auf eine klare Gliederung und vollständige Angaben!
  Jemand, der das Spiel nicht kennt,
  sollte es anhand deiner Angaben klar verstehen.
  Als Hilfe ist eine Zeichnung eines Tischfußballtisches angeführt.

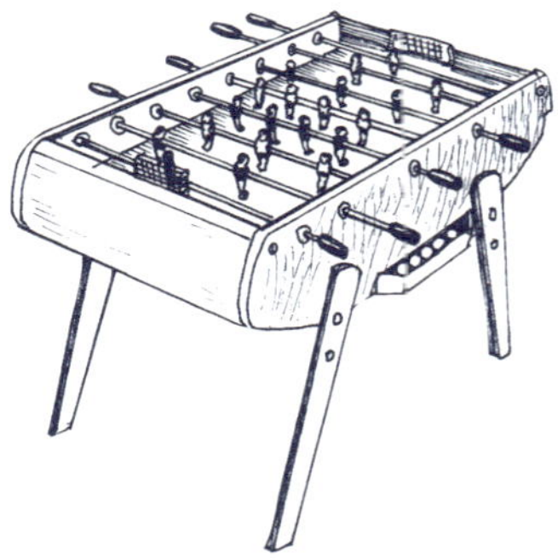

- Beschreibe die Regeln der beliebten Fernsehquizsendung „Millionenshow"! Beschreibe das Spiel genau! Achte auf eine klare Gliederung und vollständige Angaben!
  Jemand, der das Spiel nicht kennt, sollte es anhand deiner Angaben klar verstehen.
- Verfasse eine Spielanleitung für dein Lieblingsspiel! Achte auf eine klare Gliederung und vollständige Angaben!
  Jemand, der das Spiel nicht kennt, sollte es anhand deiner Angaben klar verstehen.

Alles, was du in Deutsch können musst

2. Klasse HS/AHS/NMS

Aufsteigen in Deutsch – Rechtschreiben 2

Die Übungen der einzelnen Kapitel zum Lernstoff der 2. Klasse sind mit steigendem Schwierigkeitsgrad angelegt, sodass die Lernenden von leichten Anfangsübungen schrittweise zu komplexeren Aufgaben geführt werden. Die Übungen werden jeweils genau beschrieben und sehr oft beispielhaft vorgearbeitet. Im Lösungsteil sind sie jeweils komplett ausgearbeitet.

ISBN 978-3-7074-0754-9

ISBN 978-3-7074-0749-5

Aufsteigen in Deutsch – Grammatik 2

Über 100 anregende, abwechslungsreiche und durchwegs vergnügliche Übungen rund um Wortarten – Verb, Nomen, Pronomen und Präposition – wie zum Beispiel Übungen zum Wortstamm oder Wörtersuch- und Wörterbuchübungen. Der Bereich Satzlehre zeigt, wie man Satzglieder erkennt.
Zur Festigung können die zahlreichen Übungstexte beider Bände auch als kurze Diktate verwendet werden.

Aufsteigen in Deutsch – Die neue Rechtschreibung

Der perfekte Band für alle, die sattelfest in der neuen Rechtschreibung sein müssen (nach der jetzt gültigen Neufassung von 2006).
Der Band ist bereits ab der 1. Klasse HS/AHS/NMS einsetzbar, dazu sind alle Übungen nach ihrem Schwierigkeitsgrad gekennzeichnet:

leicht; mittel; schwer

Das Buch ist auch ein hilfreiches Nachschlage- und Übungsbuch für die Oberstufe und alle Erwachsenen, die Deutsch noch nach der alten Rechtschreibung gelernt haben. Oder für jene, die zwar mit der neuen Rechtschreibung schon gearbeitet haben, aber nicht genau wissen, was sich mit der Neufassung von 2006 geändert hat.

ISBN 978-3-7074-1197-3

G&D

www.ggverlag.at

Schluss mit Problemen in Mathematik

2. Klasse HS/AHS/NMS

ISBN 978-3-7074-0766-2

Aufsteigen in Mathematik 2

Der Band ist in die Bereiche Arithmetik und Geometrie geteilt.
Einfache Erklärungen und Musterbeispiele machen es leicht, die Aufgabenstellungen zu verstehen, und die Aufgaben selbstständig zu lösen. Zum besseren Verständnis hilft auch die großzügige, zweifarbige Gestaltung, vor allem bei den Geometrie-Themen.

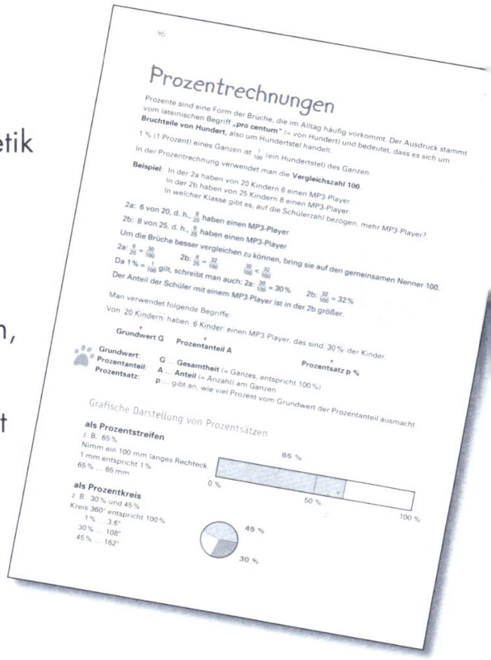

Der Lernstoff der 2. Klasse in Mathematik nach dem österreichischen Lehrplan ist im Prinzip eine Vertiefung und Festigung des Stoffs der 1. Klasse. In der 3. Klasse geht es dann, darauf aufbauend, mit schwierigeren Themen weiter – das heißt, wer am Ende der 2. Klasse den Lernstoff nicht beherrscht, kommt von Anfang an ins Schleudern.

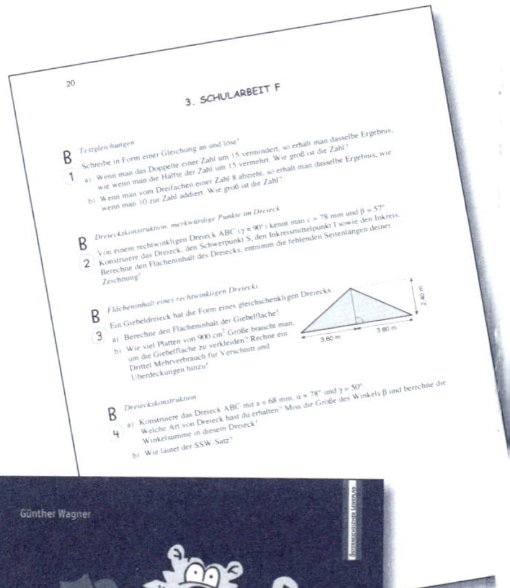

Aufsteigen Mathematik Schularbeiten 2

Wie bei den anderen Mathematik-Schularbeiten-Bänden der „Aufsteigen"-Reihe gibt es auch hier für jede der 4 Schularbeiten des Schuljahres mehrere Probeschularbeiten.
Bei jedem Beispiel wird angeführt, zu welchem Stoffgebiet es gehört. So kann man ganz gezielt für die bevorstehende Schularbeit üben.
Mit genau ausgearbeiteten Lösungen und Punktetabelle zur eigenen Beurteilung.

ISBN 978-3-7074-1110-2